Fred Maro

So wirken Sie auf Männer

Fred Maro

So wirken Sie auf Männer

Was Frauen wissen müssen, um in einer Männerwelt voranzukommen

orell füssli Verlag AG

Umschlagabbildung: Masterfile (Chris Hendrickson)
Umschlaggestaltung: Andreas Zollinger, Zürich
Druck: fgb • freiburger graphische betriebe, Freiburg i. Brsg.
Printed in Germany

ISBN: 978-3-280-05238-9

Bibliografische Information der Deutschen Bibliothek:
Die Deutsche Bibliothek verzeichnet diese Publikation in der Deutschen Nationalbibliografie; detaillierte bibliografische Daten sind im Internet über http://dnb.d-nb.de abrufbar.

Inhaltsverzeichnis

Kapitel 1

Sehr geehrte Leserin!

Danke, dass Sie mir Ihre Aufmerksamkeit schenken! Um diese Zeit des Lesens und des Ausprobierens für Sie wirklich erfolgreich werden zu lassen, komme ich nicht umhin, einige wichtige Anmerkungen loszulassen:

Dies ist ein Buch für Frauen, die Lösungen suchen, sich im Leben konstruktiver, gezielter und erfolgreicher durchzusetzen!

Es ist kein Buch für Frauen, die auf dem Standpunkt stehen, dass Männer sowieso keine Ahnung von Frauen haben und eigentlich immer irgendwie als Scheißkerle zu bekämpfen sind! Sollten Sie dieses Buch also gekauft haben, weil Sie sich Tipps und Tricks erhoffen, um sich bei Ihrem Partner, Ihrem Chef oder anderen männlichen Zielobjekten für erlittene Schmach besser revanchieren zu können, dann sollten Sie dieses Buch besser sofort weiterverschenken.

Gleiches gilt, falls Sie nicht akzeptieren können, dass man unangenehme Dinge klar und deutlich anspricht und Sie vielleicht auf Fehler hinweist, die Sie selbst ganz gern in der mentalen Schublade verschwinden lassen. Gehen Sie also bitte davon aus, dass dieses Buch von einem der Typen geschrieben ist, die Sie vielleicht nach dem Lesen nicht mehr ausstehen können …

Dieses Buch erklärt zwischenmenschliche Zusammenhänge und Reaktionen aus der Sicht eines Mannes, der beruflich Frauen unterstützt, erfolgreich zu sein!

Es ist kein Buch, das sich mit wissenschaftlich-theoretischen Betrachtungen zufrieden gibt, sondern das zum Teil sehr ungewöhnliche, aber vielfach erprobte Tipps und Tricks aufzeigt! Bedauerlicherweise mache ich immer wieder die Erfahrung, dass Frauen viel zu früh in Abwehrhaltungen gehen, wenn sie Hinweise und Ratschläge erhalten, welche ihren ganz persönlichen Ansichten widersprechen. Erfolgreiche Frauen verhalten sich in diesem Punkt wie die meisten Männer: Sie testen auch ungewöhnliche Tipps selbst dann, wenn sie glauben, das Ergebnis zu kennen. Dann erst entscheiden sie, ob sie diese auf Dauer adaptieren oder nicht.

Wer meine Art zu denken und zu beraten kennt oder eines meiner Bücher bereits gelesen hat, weiß, dass ich immer versuche, so zu schreiben, wie ich denke und fühle! Gerade heraus, manchmal auch ungeschickt in Fettnäpfchen tretend, aber mit Sicherheit praxisnah und zielorientiert. Diplomatie ist ebenso wenig meine Stärke wie kurviges Herumreden um heikle Themen. Meine Ausdrucksweise mag Ihnen manchmal zu direkt erscheinen. Für diesen Fall entschuldige ich mich jetzt schon.

Ich bin mit Leib und Seele Österreicher der alten Schule. Bei uns heißt Blumenkohl Karfiol, Kartoffeln sind Erdäpfel, Tomaten sind Paradeiser – und Frauen sind Damen. Letzteres allerdings nicht aufgrund sprachlicher Besonderheiten, sondern weil wir Österreicher seit jeher versuchen, die guten alten Sitten nicht ganz zu vergessen. Ich werde in diesem Buch also selten von «Frauen», meist von «Damen» sprechen. Finde, das tut beiden Seiten gut …

Warum ich dieses Buch schreibe? Dies hat mehrere

Gründe. Eigentlich habe ich wirklich genug zu tun. Schließlich verdanke ich meine berufliche Existenz der Tatsache, dass sich Menschen nur sehr selten auf Dauer vertragen. Und auch dem Umstand, dass viele Menschen in berufliche Felder aufsteigen, denen sie zwar fachlich, aber nicht kommunikativ gewachsen sind.

Seit Jahren coache ich als einer der hier selten anzutreffenden Männer zahlreiche Frauen auf «dem steilen Karriereweg nach oben». Diejenigen, die auffallen und nicht selten im Zentrum der Aufmerksamkeit stehen. Aber mir ist völlig klar: Da gibt es noch die vielen unerkannt kreativen, hoch intelligenten Frauen, die zwar keine Lust haben, sich auf den kräftezehrenden und persönlichkeitfressenden Weg der Karrierefrau begeben zu wollen, die aber trotzdem endlich einmal aus dieser eintönigen «Grauzone der schweigenden Mehrheit» heraus möchten!

Oder diejenigen, denen erst ihre Eltern, dann ihre Lehrer, dann wieder ihre Eltern und schließlich ihre Männer immer wieder erzählten, dass ihr Platz an Herd und Kinderbett zu sein hat – und sonst nirgendwo. Wie das ja immer schon so war. Dieser Schieflage möchte ich mit diesem Buch etwas abhelfen!

Auch frage ich mich oft, auf wie viel Intelligenz und Kreativität wir Menschen einfach nur deshalb seit Jahrhunderten verzichten, weil irgendwelche Neunmalklugen (und da leider insbesondere wir Herren der Schöpfung) glauben, alles besser zu können. So manche Frau hat in dieser Tretmühle resigniert! Einfach weil sie die kleinen Tipps und Tricks nicht kennt, welche ihrem Leben mehr Farbe geben, welche ihr zu mehr Aufmerksamkeit verhelfen! Nur Menschen, denen man Aufmerksamkeit schenkt, haben eine Chance, ihre Talente ins rechte Licht zu rücken!

Zum anderen sehe ich Dutzende von Büchern in Regalen, die immer in dieselbe Kerbe und auf Männer einschlagen – oft von Frauen geschrieben, die beruflich und privat irgendwie auf der Strecke geblieben sind. Es mag ja gut sein, zum hundertsten Mal zu erfahren, warum es schlecht einparkende Frauen und mülleimernichtraustragende Männer gibt. Wenn es dann allerdings darum geht, Leserinnen mit vielfach erprobten, realitätstauglichen Tipps und Tricks zu unterstützen, dann schweigen die (meist weiblichen) Schriftsteller meistens. Dieses Buch richtet sich also an Frauen, die nicht nur immer hören wollen, warum Frau arm dran und Mann böse ist – sondern die funktionierende Rezepte suchen, welche sie im Leben beruflich wie privat voranbringen.

Den endgültigen Anstoß gaben dann die Sätze einer meiner Klientinnen, selbst erfolgreiche Topmanagerin. Sie sagte: «Es ist mir unverständlich, warum wir Frauen uns immer ausgerechnet von anderen Frauen sagen lassen, wie wir uns in dieser Welt voll überheblicher Männer behaupten sollen! Würde mein Mann seinen Freunden erzählen, wie wir Frauen ticken – wir Frauen würden uns kaputtlachen. Wenn ich in der nächsten Stadt einen Kleiderladen aufmachen möchte, frag ich doch auch keinen Menschen in Hinterindien. Ich frag jemanden, der sich in dieser Stadt auskennt!»

Tja – und nun sitze ich vor meinem Laptop – draußen scheint die Sonne – Lina, die Dackeldame an meiner Seite muss warten – ich hab versprochen, dieses Buch zu schreiben ... weil ich mich in dieser Stadt auskenne ...

Ihr
Fred Maro

P.S.:
In jedem Buch nehme ich die Gelegenheit wahr, mich bei einigen Menschen für ihre Unterstützung zu bedanken: Bettina Querfurth, Brigitte Krebeck, Ulla Frenz und Andrea Lukas. Ohne diese vier Damen hätte ich dieses Buch angesichts meiner vielen Reisen und zahlreichen 70-Stunden-Wochen nicht schreiben können.

All den Damen, die sich bereit erklärt haben, mir vertrauensvoll ihre Erlebnisse, Erfahrungen und Ansichten zu den Themen in diesem Buch zu schildern.

Kapitel 2

Graue Maus?

Seit vier Wochen kenne ich diese junge Frau. Sie ist Mitarbeiterin eines Unternehmens, in dem meine Teams und ich dabei sind, emotionale und kommunikative «Sticheleien» zwischen zwei Abteilungen «gerade zu ziehen».

Diese Endzwanzigerin verblüfft mich in letzter Zeit immer wieder. Sie hat einen scharfen Geist. Sie erkennt blitzschnell, wie der Hase läuft, und entwickelt Lösungsansätze und Ideen, welche zeigen, dass sie vielleicht die Einzige unter den fünfzehn in ihrer Abteilung ist, die wirklich innovativ denkt. Das allerdings ist der Haken an der Sache: Sie «denkt». Es braucht richtig Mühe und Überredungskunst, um ihr diese tollen Vorschläge aus der Nase zu ziehen. Meist gelingt mir das nur unter vier Augen in irgendeiner Kaffeepause, wenn wir nur noch zu zweit im Raum sind.

Sie steht dann etwas verloren vor mir. Graubrauner, schlecht sitzender Hosenanzug. Verlegen verkniffene Mundwinkel und blasses Gesicht. Verkrampfte Körperhaltung, die auch dem Laien sagt: «Hier hat jemand offensichtlich Angst, auch nur kurzfristig erhobenen Hauptes durchs Leben zu gehen.»

Gestern war erstmals Gelegenheit, Sie etwas besser kennenzulernen. Sie lebt in einem Familienverbund, in dem ihre Tätigkeit als Marketingassistentin etwas Exotisches ist. In einer der Gemeinschaften mit festen Spielregeln, die einmal ein bekannter Psychologe als «schweigende Mehrheit Deutschlands» bezeichnete. Ob in Deutschland oder sonst wo auf der Erde – diese Familienverbünde gibt es überall. Über Generationen haben sich hier Rituale und «Gesetze» gefestigt, welche ein Ausbrechen für Einzelne nur schwer möglich machen, weil damit oft nerviger, psychologisch tückisch wirkender Druck verbunden ist.

Das, was diese Frau im Beruf macht, ist ihrer privaten Umgebung suspekt! Auch hat sie in dieser Umgebung nie gelernt, sich so durchzusetzen («sich in Szene zu setzen»), dass sie als individuelle, einzigartige Persönlichkeit zur Kenntnis genommen wird. Diese Bremse aus dem Privatleben wirkt sich natürlich auch im Beruf aus! Hier läuft wieder einmal ein unerkannt kreativer Mensch durch die Gänge im Unternehmen. Eine Frau, welche zusätzlich zu ihren fachlichen Fähigkeiten bei näherem Hinsehen schön, anmutig, fair und klug ist.

Die allerdings nie gelernt hat, sich zu profilieren und dieses Profil auch gezielt einzusetzen, um im Rahmen ihrer beruflichen Gemeinschaft anerkannt, beachtet und gehört zu werden.

Gestern nach dem Workshop habe ich sie darauf angesprochen. Es wurde ein langes Gespräch. Wir haben vereinbart, gemeinsam zu versuchen, an den Stellschrauben zu drehen, die für diese ominösen «Duftmarken» entscheidend sind. Es ist ein Zufall, dass ich gleichzeitig genau über diese Stellschrauben ein Buch schreibe.

Kapitel 3

Startschwierigkeiten

Erstklassiges Papier, 36 Jahre, Single, aus einer Lehrerfamilie, klassische Schulausbildung, Uni mit hervorragendem Abschluss, stromlinienförmige Karriere, alle Zeugnisse einwandfrei, Interesse für klassische Musik und moderne Architektur. Eine Powerfrau? Scheint so! Da bin ich doch mal gespannt! Die mir vorliegenden Unterlagen, einschließlich der Bewerbungsmappe, sagen viel und doch wiederum wenig aus über den Menschen, den ich gleich kennenlernen werde.

«Kannst du dir die Frau mal ein wenig anschauen?», war die Frage meines Freundes Wolfgang, seines Zeichens Geschäftsführer eines gut laufenden, dynamisch aufgestellten Unternehmens. Auf meinen schmunzelnden Einwand, dass ich im Moment nicht auf der Suche nach neuen Bekanntschaften wäre, reagierte er unüblich trocken. «Ich hab da ein Problem in meinem Laden. Wie du weißt, hab ich fünf Bereichsleiter. Jahrelang lief alles einwandfrei – aber seit wir umstrukturiert haben, gibt es immer öfter Ärger.» Er starrte aus dem Fenster. «Und ich hab das Gefühl, das hängt mit der Frau in der Runde zusammen.» Auf mein Nachfragen, «Die einzige Frau unter den Bereichsleitern?», nickte er.

«Seit wir die Zuständigkeiten neu verteilt haben, hat

sie eher noch mehr Verantwortung. Aber irgendwie häufen sich die Klagen, von allen Seiten. Von den Kollegen, den Mitarbeitern, dem Betriebsrat. Tu mir den Gefallen, schau sie dir mal an!»

Tja – und so klappe ich die Mappe zu, klettere aus meinem Wagen und betrete das Lokal, in dem wir uns verabredet haben. Wo steckt sie? Links die kleinen Kaffeehaustische sind entweder leer oder von Pärchen besetzt. Am Tresen rechts fällt mein Blick auf drei Frauen, die entweder ihre Kaffeetassen hypnotisieren oder mich kurz von der Seite her begutachten. Alle drei sehen nach Business aus. Top gestylt, sichtlich ausgewählte Farben, sorgfältig geschminkt, nachgedachte Frisur. Aber welche ist meine Gesprächspartnerin? Dumm, dass in meiner Infomappe kein Foto enthalten ist. Da die drei zwischen sich jeweils mehrere Barhocker frei haben, muss ich sie wohl einzeln abklappern.

«Entschuldigen Sie, dass ich Sie störe! Mein Name ist Fred Maro. Kann es sein, dass wir beide hier verabredet sind?»

Der abschätzige Blick aus den Augenwinkeln, der erst meinen wohlverdienten Bauch und dann meine zugegeben dünnen Haare streift, macht mir klar, dass ich hier falsch bin. Verbale Antwort gibt es keine. «Nicht einmal ignorieren», sagen wir Österreicher zu dieser demoralisierenden Reaktion.

Also – nur Mut – neuer Versuch, zwei Meter weiter. «Guten Tag, mein Name ist Fred Maro, kann es …» Diesmal erhalte ich wenigstens eine etwas freundlichere Absage, wenngleich der Ton etwas zu mütterlich klingendes Mitleid verheißt.

Langsam fängt es an, Spaß zu machen. Was tut man nicht alles für Geld? Einen Versuch habe ich ja noch!

«Ähem … sorry – kann es sein, dass wir hier verabredet sind? Mein Name ist Fr…» Die Unterbrechung kommt unerwartet. «Sie geben wohl nie auf, Mister! Nein – bei mir auch nicht – und mit Ihnen würde ich mich auch nicht verabreden!»

Noch während ich zähneknirschend überlege, ob ich im Weggehen der Beißzange die halbvolle Kaffeetasse über das Designerkostüm kippen soll, fällt mein Blick in die Ecke des Tresens, auf eine weitere Frau. Sie war mir bis dahin noch gar nicht aufgefallen. Typ Handarbeitslehrerin, Grau in Grau, Strickumhang, stumpf wirkender Hosenanzug, leicht lethargischer Blick. Der allerdings trifft nun meine Augen und deutet schwach an, dass ich wohl auf der falschen Thekenseite gesucht habe. Ein angedeutetes Lächeln zeigt, dass ich meine Gesprächspartnerin gefunden habe.

Nachdem wir erst zu einem der Kaffeehaustische und dann Höflichkeitsfloskeln gewechselt haben, merke ich, dass damit der Freundlichkeit schon genug zu sein scheint. «Ich weiß eigentlich gar nicht, was das soll!», knurrt meine Gesprächspartnerin. «Immer muss ich ausbaden, was diverse Herren Kollegen vergurkt haben! Die machen sich ein feines Leben und ich krieg einen auf den Hut!»

Etwas überfahren versuche ich das Gespräch in konstruktivere Bahnen zu lenken und schildere den Grund für unser Treffen – die Fürsorge ihres Arbeitgebers. Die Versuche, Angst zu nehmen und Vorbehalte mir gegenüber abzubauen, stoßen auf spärliche Antworten. Offensichtlich liegen in ihrem Verantwortungs- und Führungsbereich zahlreiche «Baustellen», die alle durch irgendwelche «Unfähigen» verursacht wurden. Durch «Mitarbeiter, welche einfach nicht begreifen wollen», durch «Figuren, die nie das tun, was man ihnen sagt», und durch die «Herren Kollegen Bereichsleiter», die nichts anderes kennen als spöttische Bemerkungen oder (in den Augen meines Gegenübers) unfaire Verhaltensweisen.

Langsam taste ich mich fragend vor und versuche, etwas mehr aus der hart wirkenden Frau herauszubekommen. Sie selbst scheint sich keinerlei Fehler bewusst und von sich sehr überzeugt zu sein. Kenn ich doch irgendwie! Auf ihre Frage, wie ich mir die weitere Zusammenarbeit vorstelle, versuche ich behutsam aufzuzeigen, dass bei vielen Menschen das Eigenbild nicht immer mit der Außenwirkung übereinstimmt – dass Letzteres aber oft entscheidend ist. Und, dass meine Rolle als Coach durchaus mit der eines Betreuers am Boxring zu vergleichen ist, der in den wenigen Kampfpausen der Einzige ist, dessen Rat man vertrauen sollte.

Ihr vorsichtiges Nicken macht mir Mut. So schlage ich ihr vor, dass es sinnvoll sei, eine ganze Reihe von Punkten gemeinsam zu überprüfen, um diese Außenwirkung klarer beurteilen zu können: zum Beispiel ihr Bild bei ihren Mitarbeitern, ihre Art zu führen, zu präsentieren und zu diskutieren. Aber auch ihr optisches Auftreten und nicht zuletzt ihr Selbstverständnis im Job.

Weiter zu sprechen gestattet sie mir nicht mehr. Die Worte «Optik» und «Selbstverständnis» scheinen gleich mehrere Lunten auf einmal zu zünden! Ein Phänomen, das wir später noch genauer betrachten werden.

In einem unerwarteten Wortschwall macht sie mir klar, dass es ein paar Dinge gibt, die weder mich noch sonst jemanden etwas angehen würden. Sie sei hoch kompetent! Kompetenter als all «diese Herren da». Sie weiß, was sie kann, und wenn die anderen das nicht begreifen, so ist das eben deren Problem! Und was Optik damit zu tun haben sollte, kann sie schon gar nicht begreifen. Wozu hat sie jahrelang studiert? Entscheidend sei das, was sie kann, und nicht das, was irgendwie mehr oder weniger gut verpackt herumläuft – wie (wörtlich) «so manche Tussi auf dem Stockwerk».

Da ich derartiges Verhalten nicht zum ersten Mal erlebe, gebe ich es vorläufig auf, Rahmenbedingungen abzustecken. Ich bitte sie nachzudenken, ob sie mit mir zusammenarbeiten möchte («Muss ich ja wohl!»), und verabrede ein nächstes Treffen ein paar Tage später.

Warum ich Ihnen von diesem Treffen erzähle? Weil wir hier auf eine ganze Reihe von Absichtlichkeiten, Zufälligkeiten und Aussagen stoßen, welche zahlreiche Gründe aufzeigen, warum sich nach meiner Erfahrung Frauen im Beruf oft völlig unnötig das Leben noch schwerer machen, als es ohnehin schon ist. Unabhängig von sozialem Stand oder beruflicher Position.

Kapitel 4

Mutlos

Manchmal habe ich den Eindruck, diese Frau muss jedes Mal stundenlang nachdenken, bevor sie endlich unattraktiv genug aussieht, um nur ja nicht freundlich und positiv zu wirken.

Dabei ist sie eine aparte, intelligente und sicher in vielen Lebensbereichen erfahrene Frau Mitte vierzig. Sie gehört seit Jahren zu meinem weiteren Bekanntenkreis. Lange Zeit erschien sie mir unberechenbar. Einerseits schottet sie sich wortkarg ab, andererseits aber ist sie bei vielen Diskussionen engagiert dabei. Besonders dann, wenn das Thema «Beziehungen im Allgemeinen und die böse Rolle der Männer im Besonderen» ist. Dann kommen Aussagen aus ihrem Mund, die selbst bei Frauen, die in aktuellen Beziehungskrisen stecken, gesträubte Nackenhaare und verdrehte Augen auslösen. Irgendjemand meiner Geschlechtsgenossen muss dieser Frau vor langer Zeit gewaltig auf die Seele gestiegen sein.

Das Paradoxe dabei: Wenn mich meine beruflich geschulte Beobachtungsgabe nicht total im Stich lässt, so ist diese Frau permanent mit Aug, Ohr und Körpersprache auf der Suche nach «dem Prinzen auf dem weißen Schimmel». Im Rahmen von Recherchen zu diesem Buch bin ich in einem Internet-Kontaktforum für suchende Singles auch auf eben diese Frau gestoßen. Dort präsentiert sie sich mit Foto und Text reichlich offenherzig – legt zugleich jedoch die Messlatten für potenzielle männliche Interessenten unerreichbar hoch.

Vor ein paar Wochen gelang es mir bei einem Gespräch mit ihr am Rande einer Party, genau auf diese scheinbare Wunde den Finger zu legen. Neben der Information, dass sie mit zwei Kindern alleinerziehend lebt, erhielt ich ungefragt (!) eine Beschreibung des Mannes, der sich vielleicht als einer der wenigen (wenn überhaupt) Hoffnung auf ihre Gunst machen dürfte. Die Aussagen widersprachen sich innerhalb ein und desselben Satzes.

Er müsste «immer für sie da sein und sie auf Händen tragen», ihr zugleich jedoch viel Luft geben und Abstand halten.

Er müsste ein beruflich sehr erfolgreicher, dynamischer Typ sein, der viel Zeit für gemeinsame Unternehmungen hat.

Er müsste sie und ihre Kinder versorgen können (!).

Auch sollte er schon ein wenig was von einem handfesten Macho haben – allerdings mit ganz feinen und gepflegten Manieren.

Und schließlich müsste er natürlich supertoll durchtrainiert und begehrenswert aussehen – wobei er treu und fürsorglich Augen nur für sie haben dürfte. Gegen Annäherungsversuche müsste er immun sein …

Als ich sie fragte, was sie denn einem Mann, der all dies Geforderte sein Eigen nennen könnte (also dem absoluten Traumprinzen schlechthin), ihrerseits bieten würde, damit er sich (unter 3 Milliarden anderer Frauen) ausgerechnet für sie entscheiden sollte, sah sie mich verständnislos an, stand auf, murmelte «Arschloch» und ging!

Kein Kommentar …

Kapitel 5

Intermezzo (Zwischenspiel)

Ich glaube, nach diesen ersten Kapiteln müssen wir klären: Ist dies ein Buch, das Sie im Beruf erfolgreicher machen soll, oder ist es eines, das Ihnen Ratschläge für Ihr Privatleben gibt?

Nun – dieses Buch soll beide Herausforderungen erfüllen! Es soll Ihnen als Frau aufzeigen, das Sie sich bisher vielleicht «unter Wert verkauft haben». Dass Sie zu wesentlich mehr imstande sind, als Sie es sich bisher zugetraut haben. Allerdings werde ich Sie dazu nicht mit unrealistischen Ratschlägen à la «Sprich jeden Morgen dreimal laut: ‹Heute ist mein schönster Tag›, und du wirst erfolgreich sein» belasten.

Ihr Alltag ist sicher hart genug. Ob kinderlos oder als Mutter von Kindern, ob als Hausfrau oder als Berufstätige, ob als Single oder in einer Partnerschaft. Wenn Sie im Leben erfolgreich sein möchten, dann müssen Sie versuchen, von den wirklich Erfolgreichen zu lernen und das Erlernte so anzupassen, dass Sie damit optimal agieren können. Blindes Nachmachen hilft kaum. Pauschal taugliche Rezepte gibt es wenige! Es ist eine Vielzahl von Kleinigkeiten, die – richtig kombiniert – Wunder bewirken können.

Irgendwie sind wir jetzt an einem Punkt, an dem wir

das, was ich Ihnen alles an Kleinigkeiten, an Tipps und Tricks vermitteln möchte, sortieren müssen.

Ich habe lange überlegt, wie wir das am besten machen, und bin zu einer einfachen Lösung gekommen: Wir werden nicht umhin kommen, zumindest ein wenig über zwischenmenschliche Verhaltensmuster zu lernen. Verstehen, wie wir Menschen «ticken». Nur wenn Sie wissen, *warum* etwas passiert, können Sie frühzeitig gegensteuern. Nur wenn Ihnen bewusst ist, was Sie mit einer bestimmten Aktion bei Ihren Mitmenschen auslösen, können Sie handeln, ohne sich verunsichern zu lassen. Ich werde also zuerst versuchen, Ihnen diese hoch spannenden Themen so kurz wie möglich, aber trotzdem praxisgerecht verständlich nahe zu bringen.

Dann werden wir verschiedene für Sie wichtige Aspekte im Einzelnen ansehen, damit Sie selbstbewusst Ihre ganz eigenen «Duftmarken» (Ihre Aufmerksamkeit und Erinnerungswert gewinnenden Signale) setzen können. Dabei werde ich schon erste Tipps und Tricks verraten – die Sie allerdings zu diesem Zeitpunkt noch nicht ausprobieren sollten.

Zu guter Letzt entwerfe ich für Sie ein kleines Trainingsprogramm. Etwa in der Art, wie ich dies auch mit meinen Klientinnen seit vielen Jahren erfolgreich mache. Hier ist dann einfach nur Mut und Vertrauen angebracht. Ich werden Ihnen nichts empfehlen, das Ihnen schaden könnte.

Es wird also spannend! Einerlei ob mit der Absicht, endlich einmal ins Rampenlicht der beruflichen Aufmerksamkeit zu treten, oder mit dem Wunsch, sich selbst einfach nur einmal zu überprüfen – vieles von dem, was ich Ihnen rate, kann durchaus Ihren bisherigen Einstellungen und Erfahrungen widersprechen. In diesem Fall neigt man dann gern dazu, voreilig «zu wissen», was warum nicht funktionieren, passen oder welches Ergebnis haben würde.

In einem meiner «früheren Leben» hatte ich viel im Showgeschäft und da mit der wunderschönen Kunst des «Zauberns» auf der Bühne zu tun. Schon damals erlebte ich ein Phänomen, das mich nur den Kopf schütteln ließ: Sobald ich zum Beispiel ein Stück weißes Seil in die Hand nahm, hörte ich von irgendeinem Neunmalklugen die Worte: «Den kenn ich …»

Hallo??? Es gibt einige Hundert verblüffende kleine Tricks mit einem Stück Seil – und ich habs ja erst in die Hand genommen und noch gar nicht angefangen!

Viele Jahre später holt mich dieses Phänomen wieder ein, wenngleich in etwas anderem Zusammenhang: Nicht selten höre ich, sobald ich einen Vorschlag auch nur anfange zu unterbreiten: «Das hab ich schon probiert, das hat nicht funktioniert!» Ein Satz, den ich leider besonders aus Frauenmund oft schon höre, noch bevor ich überhaupt fertig erklärt habe, was ich mit meinen Ratschlägen erreichen möchte. Wenig später stellt sich dann heraus, dass meine Zuhörerinnen maximal in eine ähnliche Richtung «gedacht» haben. Wirklich und mehrfach getestet haben sie diese Vorschläge selten. Was lernen wir daraus? Zu Ende zuhören und nicht schon Gegenargumente suchen, bevor ein Ratschlag ausführlich diskutiert oder ausprobiert wurde.

Ein weiteres, oft anzutreffendes Hindernis: Wir glauben immer sofort zu wissen, was andere denken und fühlen, wenn sie mit bestimmten Handlungen oder Aussagen unsererseits konfrontiert werden. Und weil wir vor diesen Reaktionen irgendwie Angst haben, ziehen wir sofort die Ausredenbremse. «Nein, das mache ich nicht, sonst denkt der (die) womöglich, ich möchte nur …», oder auch: «Nein, das tu ich nicht, sonst glaubt der (die) bestimmt, ich habe …»

Hey – umgekehrt würden wir uns das vehement verbieten! Woher will «der» («die») wissen, was ich denke? Die Ursache für derartige frühe Vorbehalte ist oft mangelndes Selbstvertrauen. Wenn Sie sich darüber Sorgen machen, was Ihre Freunde von Ihnen denken, wären Sie wahrscheinlich erstaunt, wenn Sie wüssten, wie selten diese es tun! Gesunder Egoismus ist gefragt!

Probieren Sie also bitte meine Tipps ohne vorgefasste Erwartungen aus. Muss ja nicht gleich im Job oder im Bekanntenkreis sein. Ihr Trainingscamp ist kugelrund, heißt «Erde» und hat Milliarden von Sparringspartnern.

Mit den von mir gecoachten Frauen treffe ich immer folgende Vereinbarung: «Solange ich dich berate, möchte ich, dass du Dinge, die ich dir rate, mutig testest – und erst danach mit mir darüber diskutierst! Vorher diskutieren macht wenig Sinn, weil du ja nicht weißt, was am Ende als Ergebnis herauskommen wird. Wenn ich sage: «Spring!» (symbolisch gemeint) – dann hab Vertrauen und spring einfach! Ich weiß schon, warum ich dir das rate – und würde dir nie schaden wollen! Danach – wenn du das Ergebnis erlebt hast, können wir gerne darüber diskutieren und den Ratschlag vielleicht auch modifizieren …»

Per Buch ist das alles nicht ganz so einfach – aber vielleicht versuchen wir beide es einfach – okay? Um ein wenig Theorie kommen wir dabei allerdings nicht herum. Nur wenn Sie wissen, warum etwas passiert, können Sie es richtig beurteilen und kontrollieren. Aber ich verspreche, diese wichtigen Grundlagen so unterhaltsam und kurz wie möglich zu halten.

Kapitel 6

Der Charlie-Brown-Effekt

Der amerikanische, leider schon verstorbene Psychologe Charles Schulz ist der Erfinder der Karikaturfiguren «Peanuts». Diese Serie von kleinen Geschichten rund um Charlie Brown, Linus, Lucy und Beagle Snoopy ist eigentlich für Erwachsene gezeichnet. Während wir über diese Kids und ihre Sketche lachen, benehmen wir uns als Erwachsene oft exakt nach den gleichen Mustern. Eines dieser Muster hat inzwischen in der Fachwelt den Namen «Charlie-Brown-Effekt»:

Hauptdarsteller Charlie Brown hat einen kleinen Bruder namens Linus. Dieser kommt vom ersten Tag im Kindergarten zurück und hat sich dort prompt in ein rothaariges Mädchen verliebt. Er erzählt: «Ich bin da gestanden und hab sie angesehen und hab nicht gewusst, was ich sagen sollte. Und sie ist da gestanden und hat mich angesehen und hat auch nicht gewusst, was sie sagen sollte. Und ich bin immer noch dagestanden und hab immer noch nicht gewusst, was ich sagen sollte – und da hab ich ihr einfach eine reingehauen!»

Nicht nur, dass dieser Effekt tatsächlich schon bei drei- bis vierjährigen Kindern zu beobachten ist – wir Erwachsenen agieren oft genauso! Ein Beispiel? Gerne! Einer meiner Freunde sieht (selbst nach dem neidisch-kritischen

Urteil von uns anderen Männern) schlicht viel zu gut aus! Er entspricht weitgehend dem Klischee vom tollen Mann, dem Werbemodel mit kantigem Gesicht, beneidenswertem Waschbrettbauch und breiten Schultern. Betritt er ein Lokal, so kann man beobachten, wie die Augen der Damen wie an der Schnur gezogen seinem Weg folgen. Mehrere Male hatte ich Gelegenheit, zu einem späteren Zeitpunkt mit einigen dieser Damen zu plaudern. Dabei habe ich jedes Mal das Thema unauffällig auf meinen Freund gelenkt. Fast immer wurde er von den ihn wie hypnotisiert beobachtenden Damen als «selbstherrlicher Schönling», als «Typ, der meint, er sei was Besonderes» oder als «gut aussehend, aber wahrscheinlich strohdumm» deklariert! Wie gesagt – ohne, dass sie ihn je persönlich kennengelernt hatten!

Dabei hatte mein Freund nichts weiter getan, als einfach wortlos und ohne Gesten durch den Raum zu einem Sitzplatz oder an die Bar zu gehen, um etwas Abstand von seinem harten Tag als wissenschaftlicher Berater in einem Pharmakonzern zu nehmen. Er erlebt den Charlie-Brown-Effekt öfter als ihm lieb ist …

Wenn Sie Gelegenheit haben, sich einmal privat mit «öffentlichen Frauen» aus Film, aus TV oder vom Catwalk zu unterhalten, so werden Sie hören, dass auch diese – von anderen Frauen – nach demselben Muster angegiftet werden! Dabei machen auch sie nur ihren Job. Nach meinen Erkenntnissen scheint dies wirklich ein frauenlastiges Verhalten zu sein. Obwohl – vielleicht passt das oft unter Meinesgleichen gepflegte Klischee der «dummen Blondine» auch in diese Kategorie.

Was mir im Café passierte, hatte auch damit zu tun. Warum bitte werde ich trotz höflicher und freundlicher Ansprache völlig unschuldig und ohne erkennbaren Grund von wildfremden Frauen kompromittiert? Was bitte habe ich denen getan? Alles, was ich wollte, war eine Auskunft!

Vor einigen Jahren bin ich dieser oft zu erlebenden Demonstration von weiblicher Unfairness und Borniertheit nachgegangen und habe zahlreiche Gespräche mit Damen unterschiedlicher Berufe geführt. Thema: «Anmache». Für Unkundige: Die Art und Weise, wie ein Mann eine Frau ansprechen sollte.

Der Ausgangspunkt dieser Gespräche war immer das Lamentieren von Damen, «von einem Typen blöd angemacht» worden zu sein. Auf meine Frage, wie er es denn bitte schön hätte besser machen sollen, kam jedes Mal die Antwort: «Auf jeden Fall nicht so ...!»

Lassen wir uns doch einmal diese Antwort auf der Zunge zergehen: Da steht ein armer Tropf irgendwo herum und erblickt ein weibliches Wesen, das er gerne näher kennenlernen möchte. Leicht gesagt – aber wie macht man das am besten? Er tut das, was alle Menschen tun – er macht es auf die Art und Weise, mit der er in früheren Fällen schon Erfolg hatte.

Mutig und mit dem Damoklesschwert des Misserfolges über sich nähert er sich der Auserwählten und spricht sie an. Alle Umstehenden sehen zu ... Das Ende erfolgt blitzartig und blutig! Nicht nur, dass er ein «Nein» zu hören bekommt – dieses «Nein» wird auch noch mit Zusatzattributen garniert und so laut kundgetan, dass auch wirklich jeder im Umkreis mitbekommt, dass sich wieder einmal ein Kerl zum Affen gemacht hat (freiwillig hat machen lassen)!

Unglaublich! Er bemüht sich aufrichtig – und sie steht da wie eine Schiedsrichterin im Eiskunstlauf: zieht ihre Tafeln aus dem Bauchladen: 3,9! Durchgefallen!

Nur weil er nicht genau den Stil getroffen hat, den die

Angesprochene erwartet. Meine Damen, woher soll er denn wissen, ob und wie Sie gerne angesprochen werden möchten? Er tappt absolut im Dunklen.

Liebe Leserin – ein Mann, dem dies nach redlicher Absicht, eine Dame freundlich anzusprechen, zwei- oder dreimal widerfährt, lässt es das nächste Mal einfach bleiben – und wird zum Chauvi! Und er wird es sich fünfmal überlegen, ob er das nächste Mal eine Frau anspricht, die ihm gefällt. Mit dem wahrscheinlichen Ergebnis, dass er dann von der Damenwelt als introvertierter Schweiger eingestuft wird …

Übrigens: Viele Männer können Ihnen bestätigen, dass Frauen, denen durch Männer dasselbe widerfährt, entweder in lautstarke Wut ausbrechen oder nicht selten zum Psychologen laufen. Aber wir Männer müssen das einfach aushalten – oder?

Sie, liebe Leserin, sollten von diesem blöden Verhalten deutlich Abstand nehmen! Und zwar privat wie beruflich, denn Ihr Verhalten könnten Sie kaum je nach Situation trennen. Sie werden im Beruf genauso «halbprivat» angesprochen wie in Ihrer Freizeit privat. Sollten Sie in einer Führungsposition tätig sein, so wird diese Ansprache (so sie von einem untergeordneten Mann kommt) noch ungelenker und linkischer sein. Schlicht und ergreifend, weil viele Männer keine Rezepte zur Ansprache von Damen «da oben» in der Schublade haben.

Warum ich Ihnen all dies erzähle?

In den Augen Ihrer privaten männlichen Umgebung *und* in denen Ihrer Berufskollegen disqualifiziert Sie so ein Verhalten in Sekunden! Zu leicht sind selbst für psychologische Laien die wahren Hintergründe dieses Verhaltens zu erkennen! Dies ist eine «Duftmarke», die Sie nun wirklich nicht brauchen können!

Meine Tipps und Empfehlungen zu diesem Thema:

Bitte lassen Sie Männer, die Sie ansprechen, trotz Ihrer Ablehnung gut aussehen! Wahren Sie unbedingt deren Gesicht vor den anderen! Sie erwarten Fairness vom anderen Geschlecht; also gehen Sie bitte mit gutem Beispiel voran! Ich kenne mehr als eine Dame, die sich durch gegenteiliges Verhalten berufliche Todfeinde geschaffen hat, die ihr irgendwann später zum Verhängnis wurden.

Beobachten Sie einmal das Verhalten Ihrer Freundinnen beim Charlie-Brown-Effekt. Sobald entsprechende Äußerungen oder abqualifizierende Kommentare fallen, gehen Sie in die Frageposition und haken einmal ganz naiv bei Ihrer Freundin nach. «Hey – woher weißt du das?» oder «Wie kommst du denn da drauf?». Die Antworten werden Ihnen zeigen, dass die Ursache für diese unqualifizierten Einschätzungen schlicht mangelndem Stolz auf sich selbst, ungenügender persönlicher Souveränität und Scheu vor der Erkenntnis entspringen, dass man beeindruckt ist.

Sollten Sie sich selbst dabei ertappen, vom Charlie-Brown-Effekt beherrscht zu werden, so reicht meist schon die Erkenntnis, um ihn das nächste Mal nur noch stark abgeschwächt bei Ihnen wirken zu lassen.

Bitte gehen Sie nicht grundsätzlich davon aus, dass Sie ein Mann mit seiner Ansprache unbedingt irgendwie «rumkriegen möchte». Schließlich gehören dazu immer noch zwei! Wir Männer unterhalten uns durchaus auch einmal gerne mit attraktiven Frauen, ohne gleich diverse

Unterwerfungsstrategien bereitliegen zu haben. Wer weiß, wie viele – Ihnen etwas später durchaus sympathische – Männer Sie schon durch frühzeitiges Abblocken verscheucht haben …?

Legen Sie sich ein paar freundliche und zumindest logisch fair klingende Begründungen zurecht, die Ihnen nicht genehme Herren bei deren Kontaktversuchen zumindest einigermaßen das Gesicht wahren lassen und die trotzdem Wirkung zeigen.

Eine meiner Klientinnen zum Beispiel lässt sich auf Unterhaltungen gerne ein, weil man nur so interessante Menschen kennenlernt. Sollten sich dann «Bagger-Situationen» ergeben, bei denen sie raschen Rückzug beschließt, so beschreibt sie einfach ihren «neuen Freund»! Sie tut dies auf sehr überschwängliche und verliebte Art und Weise. Dabei zeichnet sie den (nicht existierenden) Mann optisch, finanziell, beruflich und wesensmäßig als das exakte Gegenteil des Mannes, mit dem sie sich gerade unterhält. Manchmal hält sie dem Gegenüber sogar ein kleines Foto eines klischeehaft gut aussehenden Mannes unter die Nase. Diese kleine Notlüge funktioniert meistens und hat den entscheidenden Vorteil: Sie wahrt das Gesicht des Gesprächspartners, der sich so dezent zurückziehen kann. Dies ist besonders im beruflichen Umfeld eine gute Lösung, denn man sollte zum Beispiel auf einer Betriebsfeier einen Kollegen oder gar Vorgesetzten nicht mit einer klaren Abfuhr vor den Kopf stoßen.

Darauf aufbauend bietet sich die charmante Aufforderung aus dem Repertoire einer anderen Klientin an: Nachdem sie ähnlich wie die eben Genannte verfahren ist, jedoch trotzdem nicht sofort Erfolg hat, sagt sie direkt nach dieser verliebt klingende Schilderung ihres «Partners» freundlich: «Also: Wenn Sie sich mit mir unterhalten möchten, obwohl Sie bei mir keine Chance haben, dann sind Sie herzlich willkommen!»

Eine andere Bekannte von mir macht es etwas schlitzohriger. Auch sie geht zuerst auf das Gespräch ein. Wenn dann erste Zeichen einer versuchten unerwünschten Annäherung auftauchen, fängt sie begeistert an, von ihrem Beruf zu erzählen: Totenwäscherin! Abgesehen davon, dass es diesen Beruf wahrscheinlich so kaum gibt, funktioniert dieser Trick ebenfalls fast immer. Wobei die tatsächliche Marketingspezialistin auch hier das Gesicht des Gegenübers wahrt! Zumindest bis sie einmal auf den Besitzer eines Beerdigungsinstitutes stößt …

Kapitel 7

Mein Haus, mein Boot, mein Pferd, meine Pferdepflegerin ... oder ... Mann, wie die wieder aufgetakelt ist

Schon der Titel dieses Kapitels lässt ahnen, worum es hier gehen wird. Um das ewige, scheinbar unvermeidbare nervende Angeben und Lästern, das wir tagtäglich in Job und Privatleben erleben, erleiden und praktizieren.

Wir können das als dumm, als nervig, als störend oder auch als amüsant empfinden – Tatsache ist, dass wir einfach damit leben müssen, ob wir es wollen oder nicht. Keiner von uns wird seine Mitmenschen entscheidend ändern können. Entgegen der Meinung so mancher, von sich selbst sehr überzeugten Menschen schaffen wir das auf Dauer ja nicht einmal bei uns selbst!

Was wir jedoch schaffen können, ist, mit diesem Verhalten konstruktiv und lenkend umzugehen. Dazu müssen wir allerdings erst einmal verstehen lernen, wie und warum diese Erscheinungsbilder und Formen der Kommunikation unser aller Alltag bestimmen.

Sollten Sie also zu meinen Stammleserinnen oder Stammlesern gehören, so können Sie dieses Kapitel gern überspringen! Andererseits: Wiederholen hat noch nie geschadet. Für alle «neuen» Leserinnen und Leser ist das Kapitel hier vielleicht eine der Schlüsselstellen für ihren zukünftigen Erfolg im Leben!

Dieses Buch entsteht zum großen Teil auf einem Segelboot, dieses Buchkapitel dagegen in einem familiären Hotel in den Bergen. An beiden Plätzen ist Zeit, in Ruhe zu schreiben. Aber gestern Abend war ich unten im Tal. In einem der Orte, in denen «die Szene der Reichen und Schönen» sorgfältig gepflegt wird. Besuche wie dieser sind für mich oft amüsanter als so mancher Kinofilm! Was man dort an einem Abend in den Cocktailbars und Kneipen erlebt, würde für drei Doktorarbeiten an der Uni reichen. Man trifft sie dort alle!

Die (angeblich) besseren älteren Herren, meist leicht angetrunken und fast immer etwas zu laut: Bei Betreten der Bar fegt ihr Blick über die Anwesenden wie ein Strichcodescanner im Supermarkt über die Etiketten. Rasend schnell wird geprüft, wo für einen Platzhirsch der strategisch beste Platz im Raum ist. Der Barmann wird laut und herausfordernd, die Barfrau wortlos oder mit einem jungfrauenmordenden «Na, Mädchen, wie gehts uns denn heute»-Blick begrüßt. Kurz danach ist dann meist Ruhe. So lange, bis geeignete weibliche Opfer auftauchen.

Man trifft junge, «wahnsinnig dynamisch» auftretende Männer. Mit Gel im Haar und in darin steckender Sonnenbrille. Sie treten leiser und zielgerichteter auf, suchen sofort souverän lächelnd Blickkontakt zu den Damen im Raum. Mit der stillen Botschaft «Hey – du darfst mich bewundern». Manche scheinen ihren Auftritt vor dem Spiegel geübt zu haben.

Aber man sieht auch zahlreiche Damen. Meist mittleren Alters, meist in kleinen Gruppen zu zweit oder zu dritt, fast immer an Plätzen sitzend, die mit dem Rücken zur Wand und gutem Blick über den anwesenden Menschenzoo im Lokal ausgestattet sind. Oft unvorteilhaft gekleidet und fast immer miteinander konspirativ flüsternd. Dabei flackern ihre Blicke hektisch zwischen der jeweiligen Gesprächspartnerin und den Platzhirschen im Raum hin und her. Man möchte schließlich auf keinen Fall irgendetwas im Raum, vielleicht sogar einen Augenkontakt von Männerseite versäumen …

Man trifft aber auch die Verlorenen, die Mutlosen beiderlei Geschlechts. Diejenigen, die es aus irgendeinem Grund aufgegeben haben, bei anderen Eindruck machen zu wollen. Das sind diejenigen, die in schlecht ausgeleuchteten Ecken der Bar leise in ihren Cocktail sinnieren oder murmelnd ihr Bier beschwören und ihre Umwelt scheinbar gar nicht mehr bewusst wahrnehmen.

Was sich da im Verlauf des Abends vielfach abspielt, entspricht dem Titel dieses Kapitels. Während sich jedoch der «Mein Haus, mein Boot»-Effekt meist noch gut (weil hör- und sichtbar) beobachten lässt, spielt sich das Lästern der Damen eher geflüstert oder nur in deren Gedanken ab. Kommt Ihnen das alles gut bekannt vor?

«Warum können die Kerle es einfach nicht sein lassen, anzugeben und über andere zu lästern?», werden auch Sie sich vielleicht nun fragen. Tja – genauso wenig, wie Sie und Ihre Geschlechtsgenossinnen es sein lassen können, mehr oder weniger heimlich übereinander und gemeinsam über Dritte herzuziehen!

Wie, Sie tun das nicht? Dann rufen Sie mich bitte an! Ich habe gehört, dass es irgendwo unter den Milliarden von Frauen auf der Erde die Eine geben soll, die das prinzipiell nie tut. Die muss ich einfach kennenlernen.

Also bitte Vorsicht: Wir alle (auch Sie und ich) sind keine Ausnahmen, wenn es um diese Verhaltensmuster geht – wir registrieren es bei uns selbst nur weniger gut!

Aber die Frage ist schon berechtigt: Warum können wir dieses nervende Herumbalzen oder Ablästern einfach nicht lassen? Die Erklärung ist einfach und doch vielschichtig zugleich. Ob wir es gern hören oder nicht – wir Menschen sind immer noch Tiere! Und zwar nicht einmal sonderlich sozial eingestellte! So mancher Ameisenhaufen oder Bienenstock pflegt mehr Teamwork und gegenseitige Unterstützung als wir sogenannt hoch entwickelten Wesen! Vielleicht ist es sogar gerade diese «Hochentwicklung», welche die zwischentierischen Probleme bei uns Menschen erst entstehen lassen.

Genau gesehen, gehören wir zu den Rudeltieren! Zu denjenigen, die in größeren Gruppen zusammenleben, von einem Rudelführer geleitet werden und untereinander ganz bestimmte Spielregeln und Rituale pflegen. Genau so wie Hirschrudel, Nilpferde, Zebras, wie Kühe auf der Wiese in den Alpen, wie Löwen und Schimpansen in der Wildnis in Afrika.

Werfen wir doch einmal einen Blick auf eines dieser ganz normalen Tierrudel – zum Beispiel eines mit Löwen. Würden wir die Tierfamilie in freier Wildbahn beobachten, so würde uns sehr rasch auffallen, dass es eine ziemlich strikt eingehaltene Aufgabenverteilung im Rudel gibt. Da gibt es zum Beispiel den Rudelführer. Fast immer männlich! Nur bei ganz wenigen Tierarten übernimmt ein Weibchen die Rudelführung.

Dieser «Oberlöwe» zelebriert und demonstriert seine Führungsrolle sowohl optisch als auch durch die Art und Weise, wie er sich benimmt. Durch seine ungewöhnliche Körpergröße und seine auffallende Mähne zeigt er allen, wer der Herr im Haus ist. Auch beansprucht er immer das Privileg, als Erster im Rudel an der Wasserstelle zu trinken und frisch gerissene Beute zu fressen. Außerdem nimmt er sich das Recht, am schattigsten Platz unter dem Affenbrotbaum zu ruhen …

Ansonsten tut er relativ wenig! Er jagt kaum (nur wenn die Damen im Rudel damit kräftemäßig am Ende sind). Er mischt sich kaum in die Kindererziehung ein. Alltägliche organisatorische Tätigkeiten sind ihm ein Gräuel.

Wenn es allerdings darum geht, die ihm von der Natur übertragenen Führungsaufgaben zu übernehmen, ist er hellwach und sehr dominant. Er führt das Rudel! Sobald es angebracht erscheint, fordert er zum Beispiel seine Damen und die Jungen im Rudel deutlich auf, alles zusammenzupacken und eine Stunde flussaufwärts zu ziehen, weil dort mehr Futter auf Beinen herumsteht.

Er beschützt sein Rudel! Ist es in Gefahr, so kann er brutal gefährlich werden! Fragen Sie die Safariführer in den Touristenbussen in Kenia.

Er zeugt Nachwuchs! Wenn es an der Zeit ist, übernimmt ausschließlich der Oberlöwe diese wichtigste Aufgabe, die Fortpflanzung. Er besitzt fünfzig Prozent dessen, was zur Erhaltung der Art benötigt wird – die Löwen sollen ja nicht aussterben. Je mehr Löwinnen, desto größer die Chance auf zahlreichen Nachwuchs! Deshalb wird von ihm jede neue Löwin frühzeitig begutachtet, ob sie nicht in sein Rudel passen könnte. Sogar eigene Töchter werden – sobald sie einigermaßen geschlechtsreif sind – in diesen Kreis aufgenommen.

Nicht nur die männlichen Tiere, auch die Löwinnen im Rudel haben einen klar definierten Auftrag: Nachwuchs zu zeugen, diesen zu erziehen und überlebensfähig zu machen! Im Gegensatz zu den kurzfristig auftretenden Aufgaben des Löwenkönigs ist dies allerdings ein lebenslanger Dauerjob. Nun sehe ich schon ein abschätziges Lächeln bei manchen Leserinnen. «Typisch Mann – er hat nur Spaß und tut nichts, während die Frauen die ganze Arbeit am Hals haben!»

Falsch gedacht, weil aus Menschensicht gedacht. Rein «rudeltechnisch» sorgt er durch seinen Schutz und seine Übersicht allein dafür, dass die Damen als Gruppe in Ruhe ihrer Aufgabe nachgehen können.

Leider gibt es dabei jedoch einen scheinbaren – aus der Sicht der Löwenkönige ziemlich unangenehmen – Regiefehler der Natur: Der Häuptling zeugt «leider» nicht nur Löwenmädchen, sondern auch männlichen Nachwuchs! Und diese Jungs haben exakt denselben Auftrag wie er: ein Rudel zu führen, zu beschützen – und Nachwuchs zu zeugen. Allerdings ist das einfacher gesagt als getan! Sie haben ein Problem: Sie haben kein Rudel! Und so fordern die jungen Herren, sobald sie sich einigermaßen stark genug fühlen, den alten Löwenkönig heraus. «Bist du wirklich so toll und stark, wie du tust – oder solltest du das Führen nicht besser mir überlassen?» Bald danach kommt es zu den uns aus dem Fernsehen bekannten Zweikämpfen. Mit viel Gebrüll und Show, selten verletzend, aber immer sehr eindrucksvoll. Das Interessante dabei: Diese Rangkämpfe finden fast immer nur dann statt, wenn Weibchen (natürlich völlig desinteressiert …) zusehen! Ist keine der Damen in Sichtweite, so vertragen sich die Herren wunderbar.

Für den Löwenkönig sind also alle jungen Löwen potenzielle Konkurrenten, die ihm das Rudel abspenstig machen möchten. Entsprechend dominant und kontrollierend behandelt er sie.

Wie die Herren so leiden allerdings auch die Damen unter permanentem Leistungs- und Konkurrenzdruck. Bei ihnen ist das interne Konkurrenzverhältnis allerdings schon schwieriger zu erklären. Es hat lange gedauert, bis Wissenschaftler dafür eine brauchbare Erklärung fanden. Heute ist man sich ziemlich sicher, dass dieses Konkurrenzverhalten mit dem natürlichen Auftrag jeden Tieres zusammenhängt, Nachwuchs zu zeugen und diesen überlebensfähig zu erziehen. Denn längst nicht jedes Weibchen kommt in die Position, begattet zu werden. Warum nicht? Nun, auch bei Löwenkönigen gibt es Potenzprobleme; nicht jeder Zeugungsvorgang klappt; es muss Futter gejagt werden und – nicht zuletzt – fast alle weiblichen Tiere sind im Gegensatz zu Menschen nur in relativ kurzen Zeiträumen überhaupt empfängnisbereit. Bei manchen Tierarten sind dies nur wenige Wochen im Jahr! Deshalb versucht jede Löwin, schon frühzeitig in den Bereich der Rangebenen zu kommen, die vom Löwenkönig begünstigt werden. Gleichzeitig sind natürlich alle Löwinnen in vorderer Rangreihe bemüht, ihre privilegierte Position zu behalten.

Im Gegensatz zu den offen gezeigten und lautstark eingesetzten Waffen der Männchen benützen Weibchen dabei auf den ersten Blick weniger gut erkennbare, aber dafür längerfristig wirkende Waffen. Immer wieder und das ganze Jahr lang miteinander offen zu kämpfen, bis endlich die Zeit der möglichen Zeugung da ist, würde viel zu viel Kraft kosten. Hier ist eine energiesparende Taktik gefragt!

Also wird getuschelt, denunziert und gelästert. Gerüchte werden in die Welt gesetzt, und es wird auch schon mal kurz gefaucht. Weil man diese schwierig zu identifizierenden Drohgebärden bei weiblichen Pferden besonders gut beobachten kann (sie klappern als Drohsignal laut mit den Zähnen), steht für dieses Verhalten der unangenehm klingende, aber durchaus politisch korrekte Ausdruck «Stutenbeißen». Es ist nichts anderes als die weibliche Form der unter den männlichen Tieren offen praktizierten «Hackordnung».

Sicher haben Sie beim Lesen dieses Kapitels geschmunzelt, weil Sie ohne Probleme Parallelen zu Ihrem Freundes- und Kollegenkreis ziehen konnten. Und Sie haben erkannt, warum das Verstehen dieser Zusammenhänge so wichtig für Sie in Beruf und Privatleben ist!

Diese gesellschaftlichen Mechanismen wirken seit Jahrmillionen fast unverändert in unseren «Menschenrudeln» weiter! Zwar haben wir Menschentiere in den meisten Kulturen das «Zweierrudel» eingeführt. Ein Männchen – ein Weibchen. Dies mag sozial, gesellschaftspolitisch, ethisch und sonst wie völlig richtig und zu respektieren sein – für die uralten, immer noch unverändert wirkenden, rudeltechnischen Mechanismen in uns sind diese menschlichen Erfindungen unerheblich.

Sonst wäre die Gattung Mensch längst ausgestorben …

Kleine Übung gefällig?

Sie sollten Spielereien mit Rudelmechanismen erst dann im Job versuchen, wenn Sie völlig sattelfest und «schusssicher» mit den Reaktionen Ihrer beruflichen Umwelt umgehen können. Ihr Trainingsfeld «Erde» hat auch so genügend Platz. Sammeln Sie also einmal gezielt Erfahrung:

Übung 1
Beobachten Sie bewusst, aber still und unauffällig, welche unterschiedlichen Verhaltensweisen Löwen und Löwinnen zeigen, wenn sie sich begrüßen. Irgendwo in einem Lokal oder auf der Strasse. Achten Sie auf die Veränderungen, wenn eine der beiden Parteien einen Partner oder eine Partnerin dabei hat und die andere nicht.

Übung 2
Löwenkämpfe (1): Beobachten Sie bewusst, jedoch ohne eigene Beteiligung die Rituale der Rangkämpfe zwischen den Herren Löwen. Dies geht besonders gut bei Besprechungen in der Firma oder in Cocktailbars. Wer fängt an? Wie wird reagiert? Wann beginnen Argumente sinnlos (weil nur noch dumm oder unnötig) zu werden?

Übung 3
Löwenkämpfe (2): Diesen Test sollten Sie nur durchführen, wenn Sie bereit sind, sich einen (zumindest zeitweisen) Feind zu machen. Wie bei den echten Löwen, so nehmen wir Herren unsere Rangkämpfe rascher auf, wenn ein «Weibchen» zusieht. Sehen Sie so einem Rangkampf in Ruhe zu. Sobald Sie den Sieger ausgemacht haben, wenden Sie Ihre volle Aufmerksamkeit und Bewunderung (Interesse) dem Verlierer zu und unterstützen diesen mit Worten, Blicken und Gesten! Beobachten Sie dabei das Verhalten des Siegers.

Übung 4
Löwenkämpfe (3): Dieser Test zielt auf das Gegenteil des Vorhergehenden ab: Sobald Sie den Sieger ausgemacht haben, wenden Sie diesem Ihre volle Aufmerksamkeit und Bewunderung (Interesse) zu und unterstützen ihn dadurch! Beobachten Sie dabei sein Verhalten. Sie werden feststellen, dass der laufende Rangkampf augenblicklich beendet wird. Merke: Sieger, die nachträglich noch auf dem Verlierer herumhacken («Nachtreten»), fühlen sich trotz ihres Sieges nicht sicher und neigen zu Profilneurose. Souveräne Gewinner lassen Verlierer immer gut aussehen!

Übung 5
Löwenkämpfe (4): Hier ist das Testobjekt einer der scheinbar verstockten Löwen, die (meist wegen mehrerer erlittener Niederlagen) zumindest vordergründig das Kämpfen aufgegeben haben. Gehen Sie intensiv auf den Underdog ein und schenken Sie ihm gezielt Aufmerksamkeit. Dies wird ihn sehr rasch wieder mit erhobenem Kopf dastehen lassen. Es kann aber auch sein, dass Sie herausfinden, dass der scheinbare «Looser» keiner ist. Dass er einfach nur souverän und klug genug ist, sich nicht aktiv in Kämpfen zu engagieren …

Übung 6
Hier geht es um die Damenwelt. Beobachten Sie (möglichst ohne innere Beteiligung) Geschlechtsgenossinnen, die dem «Charlie-Brown-Effekt» erliegen. Wie reagieren diese, wie gehen sie mit dieser oft spontan auftretende emotionalen Hilflosigkeit um? Wenn Sie keine eindeutigen Antworten bekommen, so fragen Sie eventuell «naiv» nach …

Übung 7
Zum Thema «Stutenbeißen». Beobachten Sie (möglichst ohne innere Beteiligung) Geschlechtsgenossinnen, die über andere Frauen sprechen. Welche Argumente und Informationen sind Fakten und was entspringt wahrscheinlich eher einem unbewussten Rangvergleich in einem virtuellen (theoretischen) Rudel?

Und ein kleiner Test zum Schluss:

Beobachten Sie Ihre eigenen, ganz persönlichen Empfindungen, wenn Sie:

… einem Löwen imponieren möchten.
… sich spontan einem Sieger zuwenden.
… sich spontan einem Verlierer zuwenden.
… offensichtlich erfolgreicheren Löwinnen begegnen.
… offensichtlich unterlegenen Löwinnen begegnen.
… sich plötzlich selbst beim Charlie-Brown-Effekt ertappen (grundloses Zubeißen).
… sich plötzlich in einem Stutenbeiß-Konflikt befinden.

Was erreichen Sie durch die Erfahrungen in diesen Trainingseinheiten?

Wenn Sie die vorgenannten Beobachtungen interessiert, engagiert und aufmerksam mehrmals (!) durchführen, so werden Sie rasch Feingefühl entwickeln, das Sie dabei unterstützt, kommunikativ flexibler zu werden!

Sie werden toleranter und zugleich bescheidener werden, weil Sie erkennen, dass zahlreiche Verhaltensmuster in uns allen stecken.

Sie werden weniger in Fettnäpfchen treten und dafür öfter als Gewinnerin aus derartigen Szenen herausgehen.

Abgesehen davon: Diese Beobachtungen ersetzen so manchen Kinofilm …

Anmerkung:

Den Begriffen «Löwenkönig» oder «Löwin» werden Sie in den Folgekapiteln sehr oft begegnen. Für mich ist das einfach die treffendste Art, ein bestimmtes Verhalten in einem Wort zu charakterisieren.

Kapitel 8

Könige und Königinnen

Seit Langem geht eine Betrachtung durch die Welt der Fachleute für zwischenmenschliche Kommunikation, die viel zu amüsant ist, um hier nicht zwischendurch kurz erzählt zu werden:

1. Frage
Was haben die heiligen drei Könige gemacht, als sie nach Bethlehem kamen, um den «neuen König» zu begrüßen?

1. Antwort
Erst einmal haben sie umständlich gesucht, um überhaupt den Stall zu finden. Deshalb sind sie einige Tage zu spät gekommen. Der Bengel war schon da! Im Stall haben sie sofort erst einmal erzählt, wer sie sind, was sie alles besitzen und welche Risiken sie auf sich genommen haben. Außerdem haben sie Geschenke überreicht, die ein armes Ehepaar mit Kind nun überhaupt nicht brauchen kann. Irgendwelche Duftkräuter statt Windeln, Möbel oder etwas zu essen.

Sie haben dem «neuen König» symbolisch auf den Rücken geklopft (also dem Baby in die Wange gekniffen) … Da dieser König allerdings noch in der Krippe vor sich hinschrie, stellte er keinen ernst zu nehmenden Verhandlungspartner dar. Also sind sie wieder nach Hause gegangen.

2. Frage

Was wäre passiert, wenn statt der drei Könige drei Königinnen (also Frauen) auf die Reise gegangen wären?

2. Antwort

Sie hätten einfach nach dem Weg gefragt ... Sie wären rechtzeitig angekommen und hätten bei der Geburt geholfen ... Sie hätten den Stall sauber gemacht ... Sie hätten sinnvolle Geschenke – und etwas zu essen mitgebracht ...

Aber ... Was hätten die drei Königinnen nach ihrer Abreise gesagt?

«Wie halten es die mit den ganzen Tieren überhaupt im Haus aus?»

«Habt Ihr die Sandalen gesehen, die Maria zur Tunika trägt? Also nein ...»

«Man sagt, Josef wäre arbeitslos!»

«... und ihr Esel ist auch schon ziemlich am Ende!»

«Mir hat Josef erzählt, Maria hatte sich so sehr ein Mädchen gewünscht.»

«Jungfrau ... dass ich nicht lache! Ich kenne Maria noch von der Uni ...»

«Bin gespannt, wann Maria die Schüssel zurückgibt, in der ich die Lasagne mitgebracht habe ...»

«Nur so nebenbei – der Kleine schaut Josef überhaupt nicht ähnlich ...»

Ehrlich betrachtet – so weit liegt diese kleine historische Episode doch nicht neben dem heutigen Alltag, oder?

Kapitel 9

Tipps und Tricks zum Umgang mit Herrscherhäusern

Das am schwersten wiegende Hindernis beim Umgang mit Menschen-Königen und -Königinnen ist die Tatsache, dass wir (selten ehrlich und offen, meist ganz im Stillen) für uns ganz persönlich alle denselben Status beanspruchen! Jeder möchte ganz oben stehen und sich nicht bevormunden lassen!

Sich manchmal klug und gezielt zurückzunehmen, anderen aus strategischen Gründen eine scheinbare Führungsrolle zu überlassen ist oft nicht einfach und erfordert einige Übung. Im Privatleben, mit dem Partner gelingt dies schon öfter – obwohl gerade dadurch so manche Beziehung den Bach runtergeht …

Im Berufsleben reagieren wir dagegen oft trotzig oder viel zu plump und machen uns dadurch das Leben schwer. Hier nun ein paar Hinweise und Tipps, wie Sie sich in Ihren beruflichen und privaten Menschenrudeln besser behaupten können:

Hinweis: Jeder «Menschen-Mann» beansprucht für sich die Rolle des ersten Löwen! Auch dann, wenn er selbst gar kein «eigenes Rudel sein Eigen nennt». Solange diese Führungsrolle nicht eindeutig geklärt ist, wird er seine Position im Rudel suchen. Er wird also zu allen anderen Löwen mit ungeklärtem Status in permanentem Konkurrenzverhältnis stehen und dies auch zeigen. Solange er Chancen sieht, sich gegen andere zu behaupten, fällt dieser Wettstreit allerdings nicht sonderlich auf. Gerät er jedoch aus seiner Sicht ins Hintertreffen, so wird er den Kampf meist offen austragen.

Besonders in der Anfangsphase des Kennenlernens wird der potenzielle Konkurrent erst einmal vorsorglich in die Schranken verwiesen! Indem man ihm (meist verbal) klarmacht, dass man besser, größer und mächtiger ist als er. Und wenn es nur zehn PS unter der Motorhaube oder das Wissen um den besseren Herrenwitz ist. All das kann auf Sie als Dame manchmal sehr infantil wirken!

Tipp: Im Beruf heißt es für Sie als (eventuell sogar neue) weibliche Kollegin oder gar Vorgesetzte deshalb, auf keinen Fall zwischen die konkurrierenden Löwen zu geraten oder Ihre Gunst einer der Parteien ausgiebiger zuzuwenden!

Hinweis: Männliche Konkurrenzkämpfe, bei denen Sie als Dame anwesend sind, werden automatisch härter und emotionaler ausfallen als die, bei denen Sie fehlen! Wenn Sie optisch attraktiv wirken, genügt dazu manchmal schon Ihre bloße Anwesenheit im selben Raum!

Tipp: Es ist deshalb für Sie sehr sinnvoll, sich in der Anfangsphase Ihrer neuen Position erst einmal einfach durch den beruflichen Alltag und seine diversen Besprechungen «treiben zu lassen», um auszuloten, wer welchen Status in dem Sie umgebenden Rudel besitzt.

Tipp: Sie können die Härte eventuell auftretender Kämpfe durch Ihren Charme, die Wirkung Ihrer optischen Präsenz und durch die Intensität, mit der Sie in diese Konkurrenzkämpfe («neutral und naiv») eingreifen, hervorragend steuern! Probieren Sie dies erst einmal in Ihrem Tennisklub, einer Bar oder auf einer Party aus.

Hinweis: In jedem Unternehmen existieren «kleine Königreiche», die immer von einzelnen Löwen oder Löwinnen (!) angeführt werden. Diese Klein-Netzwerke mit leicht konspirativem Charakter enthalten sehr oft nur ein Geschlecht als «Mitglieder». Nicht selten werden diese «Königreiche» mit (emotional gesehen) fast diktatorisch eingesetzten, selbst konstruierten Spielregeln regiert!

Tipp: Hüten Sie sich, von derartigen Seilschaften frühzeitig eingenommen zu werden. Man schützt sich dort gegenseitig und wird versuchen, Sie als «Neue» unter Kontrolle zu bekommen. Dies wird besonders rasch passieren, wenn Sie als Vorgesetzte neu im Job sind. Bleiben Sie also sehr lange neutral freundlich und in Ihren «Zuneigungen» unklar.

Hinweis: Es liegt in der Natur der Sache, dass alte Löwen den Jüngeren nicht allzu viel zutrauen. Schon gar nicht, wenn der neue Junge «eine Sie», also eine Löwin ist! Rein «rudeltechnisch» gesehen haben Sie nämlich in einem männlich geprägten Rudel erst einmal gar nichts zu sagen!

Aber bevor Sie jetzt innerlich explodieren: Wir sprechen hier von unbewussten Empfindungen, die in uns allen stecken. ☺ Übrigens: Alte Löwinnen hegen gegen jüngere Exemplare ihres Geschlechts oft gleiche Gefühle.

Tipp: Gehen Sie mit diesen älteren Herrn bei einer Tasse Kaffee oder einem Bier am Tagesrand in Vieraugengespräche und loten Sie aus, ob sie nur leere Sprüche klopfen oder tatsächlich gewillt sind, Sie als «Hilfe suchende Frau» mit Wissen und Routine zu unterstützen. Sie werden merken, dass es ziemlich leicht ist – mit etwas Charme und Anerkennung von Berufserfahrung –, loyale Unterstützung (z. B. für Ihre ersten Lebenswochen in der neuen Position oder in einem Projekt) zu bekommen.

Tipp: Bei älteren Löwinnen wird Ihnen dies nur sehr selten gelingen! Einen Versuch ist es jedoch allemal wert. Sie sollten allerdings Loyalitätsbekundungen mit viel Vorsicht annehmen und sich bewusst sein, dass diese von einer Sekunde zur anderen kippen können.

Hinweis: In jedem Unternehmen gibt es (scheinbar) «Starke» und (scheinbar) «Schwache». Scheinbar, weil dies selten mit menschlichen oder fachlichen Kompetenzen zu tun hat, sondern schlicht mit der Position im Rudel und den Erfahrungen der einzelnen Rudelmitglieder.

Tipp: Lassen Sie (besonders auch in der Anfangsphase Ihrer neuen Arbeit) auch die «Underdogs» (die von allen als naiv oder ungelenk Belächelten) unbedingt gut aussehen! Man wird es Ihnen mit breiter Unterstützung danken!

Hinweis: «Ziele setzen», lautet eines der Schlagworte in allen Unternehmen. Klar – man sollte wissen, warum und wofür man sich krumm biegt. Wenn Männer anderen Männern Ziele vorgeben, artet dies nicht selten in einen versteckten Kampf aus und löst schlummernde Rivalitäten aus. Vor allem dann, wenn der führende Löwe Schwächen und Angriffsflächen zeigt.

Tipp: Sie haben es da leichter! Wenn Sie als Dame (Vorgesetzte) männlichen Löwen Ziele vorgeben müssen, so sollten Sie es vordergründig den Herren überlassen, sich selbst Ziele zu stecken. Die Erfahrung zeigt, dass die Herren Ihre Ziele in diesen Fällen fast immer an die obere Grenze setzen! Das hat etwas mit Selbstüberschätzung und Imponiergehabe zu tun. Für Sie als Oberlöwin hat es den unschätzbaren Vorteil, dass Sie diese überhöhten Ziele locker etwas in Richtung Normalmaß reduzieren können – was Sie dem Löwen richtig sympathisch macht …

Tipp: Löwen, mit denen Sie klare und anspruchsvolle Ziele vereinbart haben, werden auf jeden Fall versuchen, diese zu erfüllen – schon um der Chefin zu zeigen, wie gut sie sind … Lassen Sie sich also auch Teilerfolge berichten – und loben Sie, loben Sie, loben Sie!

Hinweis: Wir wissen bereits, dass wir mit der Tatsache, dass Sie einem Löwenkönig übergeordnet sind, klassische Rudelmechanismen brechen! Sie müssen also immer wieder für die Herren in Ihrem Rudel Anreize schaffen, um Ihnen zu beweisen, wie stark jeder von ihnen ist!

Tipp: Die Sätze «Das wissen Sie sicher besser als ich» oder «Das brauche ich Ihnen nicht zu erzählen» heben Löwen auf eine Plattform, auf der sie sich einer Löwin gegenüber sicher oder zumindest ebenbürtig fühlen!

Tipp: Die Sätze «Enttäuschen Sie mich bitte nicht» oder «Ich baue auf Sie!» durch eine Dame sind eine heimliche Kampfansage an das Selbstverständnis eines Löwen (wobei das «Bitte» ganz wichtig ist!) ... Natürlich wird er versuchen, Sie nicht zu enttäuschen.

Hinweis: Einerlei, ob Sie seine Vorgesetzte sind, seine Kollegin oder die Sitznachbarin im Flugzeug – für einen Löwen sind Sie immer ein potenzielles Rudelmitglied, das es zu erobern oder zumindest zu beeindrucken gilt. Auch wenn wir Herren der Schöpfung das gerne vehement abstreiten – Sie werden immer erst einmal unter sexuellen Gesichtspunkten begutachtet. Auch im Job! Zum Beispiel in der Anfangsphase Ihrer beruflichen Tätigkeit. Mehr oder weniger versteckt, mehr oder weniger taktvoll, aber Sie werden es ...

Tipp: Ich habe es mehrfach angemerkt! Lassen Sie bitte Eroberungsaspiranten oder Verehrer nach Ihrer dezenten Ablehnung unbedingt erhobenen Hauptes von dannen gehen. Ablehnungen unbedingt immer unter vier Augen – und auch dann mit Taktgefühl! Eignen Sie sich dazu ähnliche Vorgehensweisen an, wie ich sie bereits beschrieben habe. Denken Sie immer daran: Sie werden sich auf jeden Fall bald wieder begegnen!

Hinweis: Zahlreiche Herausforderungen im Job, einerlei, ob unter hierarchisch gleichrangigen Kollegen oder für Sie als Vorgesetzte, lassen sich mit der Hilfe von Löwen leichter lösen als an ihnen vorbei. Oft von mir gehörter Trotz oder Stolz («Kann ich allein – bin schließlich die Chefin») ist hier einfach unangebracht!

Tipp: Nützen Sie die Schwächen der Rudelmechanismen! Wann immer Sie Löwen «um Hilfe bitten», werden Sie auf Kooperation stoßen. Dies gilt beruflich wie privat! Ausnahme: Sie bitten dreimal pro Tag um Hilfe …

Da dieser Vorgang so wirksam wie heikel umzusetzen ist, hab ich das Folgekapitel dieser Gesprächstechnik gewidmet.

Hinweis: Wie Sie selbst auch, so beansprucht jede «Menschen-Frau» für sich, immer und überall erste Löwin zu sein! Oder wären Sie gerne nur Zweite? Deshalb wird von jeder Frau jede andere als potenzielle Konkurrentin gesehen! Auch dann, wenn Sie ansonsten gute Freundinnen sind oder sich als Single gar nicht aktuell in einem Zweierrudel befinden. Sie glauben das nicht so ganz? Vergessen Sie die Mär von ewiger Frauenfreundschaft!

Dieses Fortwirken der Rudelmechanismen in uns lässt sich leicht belegen! Ein Beispiel: Stellen Sie sich einmal vor, Sie würden mit Ihrem Partner auf irgendeine öffentliche Veranstaltung gehen. Dort treffen Sie auf ein Ihnen bekanntes Pärchen. Während Sie den Mann dieses Pärchens begrüßen, fällt die Frau Ihrem Partner auffallend emotional um den Hals, küsst ihn auf die Wange und flüstert ihm etwas ins Ohr. Was läuft da blitzartig in Ihrem Gehirn ab? «Hallo – was soll das denn? Hab ich da irgendetwas nicht mitbekommen?» Sehen Sie – das sind Auswirkungen der hier beschriebenen uralten Mechanismen.

Tipp: Halten Sie sich vor allem im Rahmen Ihres Jobs unbedingt frei von emotional spontanen Reaktionen auf rudelmechanisch begründete Eifersucht. Die Bevorzugung einer Kollegin durch einen Kollegen oder Vorgesetzten zum Beispiel kann tausend Gründe haben. Natürlich auch die von Ihnen vermuteten! Aber erstens ist das absolut nicht sicher, und zweitens gehören dazu immer zwei – der/die Bevorzugende und jemand, der den Nutzen davon hat. Solange Sie also nicht zu den erwiesenen Hellsehern dieses Planeten gehören, sollten Sie derartige Situationen besser nur beobachten und überlegt, langsam strategisch handeln – auf keinen Fall jedoch emotional getragene Aktivitäten starten!

Hinweis: Weibliche Konkurrenzkämpfe laufen wesentlich subtiler, gezielter (nicht selten auch hinterhältiger) ab als die bei den Männern. Weibliche Waffen verursachen selten offen blutende Wunden – eher langsam schwärende innere Verletzungen.

Tipp: Ihnen hier Details zu erzählen hieße Eulen nach Athen tragen. Ich kann Sie nur auffordern, sich in diesen Konflikten Zeit zu lassen. Sie auf Dauer zu vermeiden wird Ihnen nicht gelingen. Versuchen Sie, Konflikte mit Hilfe kommunikativer Tricks zu lösen (z. B. Fragetechniken oder bewusste Höflichkeit). Mehr dazu etwas später!

Hinweis: Es ist zwecklos zu versuchen, bei Frauen und Männern gleichermaßen erfolgreich zu sein! Wenden Sie sich mehr den Damen zu, so geht dies über kurz oder lang zulasten Ihrer Glaubwürdigkeit bei den Herren der Schöpfung.

Schenken Sie besonders den Herren Ihre Aufmerksamkeit, so werden Sie sich automatisch die Damen in Ihrem Umfeld zu mehr oder weniger heimlich tuschelnden Konkurrentinnen machen.

Tipp: Hier ist ein gerüttelt Maß an Egoismus durchaus angebracht! Entscheiden Sie sich für die Menschen, mit denen Sie Ihre Ziele am besten zu erreichen glauben, und ignorieren Sie dann alle polemischen Sticheleien von dritter Seite! Da müssen Sie dann einfach durch!

Hinweis: Während Männer im Beisein von Damen ihren Konkurrenzkampf offener als ohne deren Anwesenheit austragen, haben viele Frauen großes Geschick, sich spontan bis hin zur Selbstverleugnung zurückzunehmen und den Kampf auf später zu verschieben.

Ein kleines Beispiel dazu: Vor einiger Zeit war ich mit einer bekannten Psychologin auf einer gesellschaftlichen Veranstaltung. Wir begegneten einem Pärchen, dessen Löwin eine gute Freundin meiner Begleiterin war.

Wir Männer kannten uns nicht, landeten aber relativ rasch beim «Mein Haus, mein Boot»-Effekt, bei dem er der Sieger war, weil er einen Parkplatz in der Hotelgarage ergattert hatte und ich nicht. Danach vertrugen wir uns – die Rangordnung war fürs Erste geklärt.

Die beiden Damen überschütteten sich von der ersten Sekunde an mit Komplimenten. Was für eine tolle Frisur, woher hast du das Kleid, zeig mal deine Schuhe und vieles mehr. Drei lange Minuten lang. Dann trennte man sich mit den berüchtigten Worten «Man sieht sich …».

Sekunden nachdem das Paar uns verlassen hatte (dessen Dame eben noch von meiner Begleitung mit Komplimenten überschüttet worden war), bemerkte die psychologisch geschulte (!) Löwin an meiner Seite: «Mann, wie die heute wieder aufgetakelt ist!» Auf dieses Verhalten von mir schmunzelnd aufmerksam gemacht, konnten wir beide nur herzlich lachen.

Tipp: Wir alle unterliegen diesen Bedürfnissen, Nöten und Zwängen! Ohne Ausnahme! Dies ist keine Schwäche – es ist naturgegeben! Auch hat es nichts mit Bildung oder gesellschaftlichem Status zu tun! Was sich da unterscheidet, ist vielleicht die Art der Waffen. Je mehr es zum Beispiel Männern an Argumenten oder Fakten als Waffen fehlt, desto eher landen sie bei der Androhung von körperlichen Konsequenzen. Der Zweikampf selbst findet jedoch immer statt.

Auf Dauer erfolgreich in jeder Art Rudel sind allerdings nur diejenigen, welche bewusst oder unbewusst die Stärken und Schwächen dieser Mechanismen für sich selbst zu nutzen wissen! Privat wie im Beruf!

Dies ist der Hauptgrund, warum ich dieses Kapitel geschrieben habe! Nur wenn sie sich innerhalb der Menschenrudel souverän bewegen können, werden Sie erfolgreich sein! Und dazu gehört auch hier nun einfach mal das Üben … Auch wenn wirs angeblich schon tausendmal versucht haben und ja sooo große Erfahrung besitzen.

Kapitel 10

«Hab ich nicht nötig ...»

Zahlreiche Herausforderungen lassen sich mit der Hilfe von Löwen leichter lösen als an ihnen vorbei. Einerlei, ob zusammen mit Kollegen oder von ihnen als Vorgesetzte an Untergebene delegiert. Frauentypischer Trotz oder Stolz («Kann ich allein») ist hier einfach unangebracht!

Das nun Folgende ist für Sie sehr wichtig. Privat wie beruflich. Unabhängig davon, ob Sie in der Zweizimmerwohnung leben oder in der Prunkvilla. Unabhängig davon, ob Sie am Fließband stehen oder Chefin eines Unternehmens sind! Alles, was ich Ihnen in diesem Kapitel schildere, ist durch meine Mitarbeiterinnen, durch mich und durch Hunderte meiner Klientinnen und Leserinnen getestet und als sehr wirksam erkannt worden. Diese Ratschläge müssen erlernt, geübt und immer wieder trainiert werden. Sind sie Ihnen in Fleisch und Blut übergegangen, so besitzen Sie ein unschlagbares Werkzeug im Umgang mit anderen Menschen.

Sehr oft, wenn ich als Coach meine neuen Klientinnen auffordere, doch einmal Männer in ihrer Umgebung gezielt um Unterstützung zu bitten, ernte ich spontane Ablehnung. Vor allem dann, wenn es sich bei den Damen um Führungskräfte handelt. Der Satz «Warum soll ich als Vorgesetzte meine Mitarbeiter um Hilfe bitten? Die haben zu tun, was ich sage!» ist vordergründig richtig, klingt trotzdem schmerzhaft in den Ohren anderer. Genau genommen ist das ein Verhalten, das wir Löwenkönige gern an den Tag legen, um unsere Macht zu beweisen! Bei vielen Damen entspringt dieses Verhalten nach meiner Erfahrung eher einer gewissen Hilflosigkeit, strategisch richtig vorzugehen. Nun – diesem Gefühl werden wir jetzt einen Ausweg bieten.

Nehmen wir als Beispiel eine Standardsituation, die Sie aus Ihrem Berufsleben kennen: Sie möchten, dass jemand in Ihrem Umfeld etwas anders machen soll. Normalerweise würden Sie auf diesen Jemand etwas zögerlich – oder auch vorbeugend forsch – zugehen und ihm Ihre Forderung unterbreiten. Sie würden danach in eine Diskussion einsteigen, die mit hoher Wahrscheinlichkeit wieder einmal ins Leere läuft. Falls Sie die Vorgesetzte des Jemand sind, würde die Diskussion mit hoher Wahrscheinlichkeit mit dem üblichen «Ja, Massa»-Effekt nur scheinbar positiv enden. Der «Ja, Massa»-Effekt: Die vorgespielte Betroffenheit und Einsicht, nur um ja möglichst rasch aus einer unangenehmen Situation herauszukommen. Nach außen: «Okay, geht in Ordnung», nach innen: «Du kannst mich mal ...» Wie auch immer – Sie werden nicht wirklich Erfolg haben.

Versuchen Sie stattdessen folgendes Vorgehen: Nehmen wir einmal an, Ihr Kollege Herr Meier liefert seine Umsatzzahlen fast immer zu spät, was Ihnen große Probleme schafft und was so nicht weitergehen kann. Denn Sie müssen mit diesen Zahlen weiterarbeiten und laufen bisher regelmäßig unschuldig in Zeitverzug.

Oder – als anderes Beispiel – Ihr Nachbar Herr Meier parkt immer und immer wieder so dämlich, dass Sie nicht in die Garage kommen.

Bitten Sie Herrn Meier frühzeitig zu diesem Gespräch. Versuchen Sie dabei, nicht unnötig zeitlichen Druck auszuüben. Vermeiden Sie Worte wie «sofort», «umgehend» oder «dringend». Teilen Sie bei Ihrer Einladung Herrn Meier in sehr groben Zügen mit, worum es bei dem Gespräch gehen soll. Vermeiden Sie es unbedingt, hier schon in Details zu gehen.

Versuchen Sie, das Gespräch in eine Umgebung zu verlegen, in der sich beide (!) Gesprächspartner einigermaßen wohl fühlen. Nur wenn dies der Fall ist, kann ein heikles Gespräch gelingen. Faustregel: Am schlechtesten geeignet ist Ihr eigenes Büro. Etwas besser ist sein Büro (so er da allein sitzt). Noch besser geeignet ist neutraler Boden. Die Pizzeria um die Ecke, die Raucherecke oder schlicht ein eigener Tisch in der Kantine. Privat vielleicht eine Tasse Kaffee.

Schreiben Sie sich die ersten Male, in denen Sie meine Ratschläge testen (Versuche mit harmlosen Fällen), die hier nachfolgenden Formulierungen auf einen kleinen Spickzettel, in Ihren Filofax oder was immer Sie bei der Hand haben werden.

Fallen Sie zu Beginn des Gespräches nicht gleich mit der Tür ins Haus! Lassen Sie das Gespräch locker anlaufen, wobei Sie darauf achten, bewusst höflich, ruhig und freundlich zu sein. Smalltalk ist angesagt! Diese Gesprächsphase kennt jeder gute Verkäufer – und hier ist eine Botschaft zu verkaufen!

Zu gegebenem Zeitpunkt sagen Sie (wortwörtlich!): «Herr Meier, ich habe ein Problem, da brauche ich Ihre Hilfe!» Diese Formulierung generiert erfahrungsgemäß hohen Aufmerksamkeitswert – ohne frühzeitige ablehnende Haltung.

Nun schildern Sie Ihrem Gegenüber sehr ausführlich

und plastisch Ihr Problem, wobei Sie (sehr wichtig!) keinerlei Schuldzuweisungen oder Vermutungen aussprechen. Das Geheimnis liegt in der Kunst, Ihr (!) Problem mit dem Resultat eines Verhaltens zu beschreiben – *ohne* den Verursacher zu nennen. Schildern Sie also Herrn Meier zum Beispiel Ihr Problem (z. B. Zeitnot!) mit den immer wieder zu spät eintreffenden Umsatzzahlen, ohne (!) ihn irgendwie zu beschuldigen oder anzugreifen! Oder *Ihr* Problem, an seinem Wagen vorbei in die Garage zu kommen. Spielen Sie dabei ruhig die etwas Naive.

Jetzt kehren Sie zur Ausgangslage zurück: «Und genau da habe ich ein Problem, bei dem ich Ihre Hilfe brauche!»

Nun kommt der Schlüsselsatz: «Was muss ich (!) tun, damit Sie mir die Zahlen wie vereinbart, zeitgerecht liefern?» Oder: «Was können wir tun, damit ich mich etwas leichter beim Einfahren in meine Garage tue?»

Nun gibt es zwei Möglichkeiten. Die unwahrscheinliche: Herr Meier entschuldigt sich und findet sofort einen Lösungsweg. Die wahrscheinlichere – besonders im Beruf: Herr Meier nennt Ihnen tausend Ausreden oder Gründe, warum das nicht klappen kann.

Jetzt gehen Sie ausführlich und bewertend (wieder ohne Schuldzuweisung!) auf die wichtigsten seiner Argumente ein und relativieren diese. Wahrscheinlich ist einiges davon richtig – anderes wird eher leicht zu bewerten oder zu entkräften sein.

Dann kehren Sie umgehend zu Ihrer Argumentation zurück: «Aber das ändert nichts daran, dass ich mit den spät eintreffenden Zahlen ein ernstes Problem habe und so nicht weiterarbeiten kann. Aber ich bin sicher, wir finden eine Lösung. Deshalb noch einmal: Was können wir tun, damit wir aus diesem Problem herauskommen?»

Mit großer Wahrscheinlichkeit wird sich Herr Meier

nun etwas offener auf Lösungssuche begeben. Es kann aber auch sein, dass er auf seinem «Geht nicht anders» beharrt. In diesem Fall gehen Sie gezielt in die Frageposition: «Was halten Sie davon, wenn ...» – und unterbreiten damit Ihren Lösungsvorschlag.

Diese Form, ein Problem zu diskutieren, gehört zur hohen Schule der Konfliktkommunikation. Sie achtet darauf, dass das Gesicht des Verursachers gewahrt und dass der «Stein des Anstoßes» immer fein säuberlich in der Mitte zwischen den beiden Parteien bleibt. So, und hier noch einmal die Schritte dieses idealen Gesprächsverlaufes:

«Ich habe ein Problem!»

«Ich brauche Ihre Hilfe!»

Ausgiebige Schilderung des Problems *ohne* Schuldzuweisung.

«Und genau da habe ich das Problem und brauche Ihre Hilfe!»

«Was muss ich tun, damit Sie ...???»

Den letzten Satz können Sie in seiner Wirkung abmildern oder verschärfen.

Abmildern: «Was können *wir* tun, um ...?» oder «Was müsste man machen, damit ...?».

Verschärfen: «Was würden Sie an meiner Stelle tun, wenn Sie ein Problem haben und der Verursacher sich weigert ...?»

Hüten Sie sich jedoch, frühzeitig eine Verschärfung einzuleiten!

Dieses Vorgehen eignet sich für fast alle privaten und beruflichen Situationen, in denen Sie rasch Konsens (gemeinsames Einverständnis) erreichen möchten. Es zeigt eines der Werkzeuge aus dem FM-Prinzip® (eine Fachzeitung hatte diese Technik vor langer Zeit einmal nach mir benannt). Wenn Sie mehr Details zu dieser Kommunikationsplattform erfahren möchten, so stöbern Sie in meinem Buch «Keiner versteht mich!».

Kapitel 11

Duftmarken

Dieses ominöse Wort ist in diesem Buch ja nun schon einige Male aufgetaucht. Unter diesem Begriff wird unter Fachleuten all das verstanden, was bleibenden Eindruck hinterlässt. Dies hat nur relativ wenig mit «Duft» zu tun. Mehr mit zahlreichen kleinen Impulsen und Signalen, die zusammen das Bild (das Image) eines Menschen abrunden. Duftmarken werden idealerweise in kleinen, gleich bleibenden und berechenbaren Dosen verabreicht. Profis im Duftmarkensetzen gibt es in allen Lebensbereichen und Branchen.

Da gibt es Menschen, um die alle irgendwie einen Bogen machen, obwohl keiner genau sagen kann, warum. Es gibt Menschen, die werden gehasst und bewundert zur selben Zeit. Anna Wintour als Chefredakteurin der Modezeitschrift «VOGUE» ist ein gutes Beispiel dafür. Sie pflegt ihr Image als herzlose Despotin durch permanent und sorgfältig gesetzte Duftmarken. Gleichzeitig genießt sie die Anerkennung aller Fachleute als Frau, die unerwartete geschäftliche Erfolge generiert hat.

Manche Manager sonnen sich regelrecht in dem Bewusstsein, dass ihr Erscheinen Angst auslöst. Sie setzen entsprechende Status-Duftmarken, indem sie sehr bewusst Privilegien demonstrieren und verteidigen. Im Grunde auch ein Zeichen für innere Unsicherheit. Dass Angst bei Mitarbeitern immer zu Fehlern und Qualitätsverlusten führt und sie also selbst mit diesem Führungsstil der Angst ihrem Arbeitgeber (dem Unternehmen) schaden, kümmert sie wenig. Sie schaffen sich so sichere Distanz zu Problemen, denen sie sich ansonsten stellen müssten. Leider sagt diesen Menschen niemand die Wahrheit – denn keiner wagt es, dem König Vorhaltungen zu machen und dafür den Kopf zu riskieren.

Wir alle kennen Menschen, die ihre Duftmarken durch exzellente rhetorische (sprachliche) Fähigkeiten setzen. Indem sie sich eine Art zu sprechen und zu argumentieren angewöhnt (antrainiert?) haben, mit der sie vielen anderen in ihrer Umgebung überlegen sind. Es ist dann eine Frage der individuellen persönlichen Souveränität, wie sie mit rhetorisch Schwächeren umgehen. Manche versuchen prinzipiell, «Gegner» auf diese Art auszuspielen.

Manchmal erleben wir bauernschlaue Damen, die durch bewusstes naives Argumentieren das Image des «gut gebauten Dummchens» aufgebaut haben, mit dem sie sehr erfolgreich durch die Welt manövrieren.

Wiederum andere Menschen (und auch hier meist Damen) versuchen, durch demonstratives Zurschaustellen von optischen Signalen Duftmarken zu setzen. Zum Beispiel durch schrilles Aussehen oder Benehmen.

Für alle gilt: Gut überlegte und über längere Zeit gepflegte Duftmarken verfehlen selten die erstrebten Ziele: Aufmerksamkeitswert und Erinnerungswert!

Nun werden Sie sich selbst wahrscheinlich nicht in der Welt der Reichen und Prominenten bewegen. Eher schon in der Welt der Schönen. Trotzdem sollte auch für Sie gelten: Es ist primär unerheblich, ob man Sie als elegant, schön, sexy, intelligent, tollpatschig, stur oder superlieb empfindet … Hauptsache, man empfindet! Nichts ist ungeschickter, als keine klar gezeichneten Duftmarken abzugeben. Als Frau Irgendwer durch die Gegend zu laufen und Sekundenbruchteile nach dem Gesehenwerden schon wieder in der Vergessenheit zu versinken!

Es gilt also: RAUS AUS DER GRAUZONE – REIN INS LEBEN!

Wenn Menschen an Sie denken, so sollten sie natürlich nicht irgendeines, sondern ein möglichst passendes, von Ihnen gewolltes Bild vor Augen haben! Dies kann bei Ihrem frisch verliebten Partner im Privatleben relativ leicht zu erreichen sein – im Beruf ist dies schon schwieriger! Hier haben Sie tagtäglich mit all den Königreichen, Seilschaften und Rudeln zu kämpfen, welche in fast allen Gemeinschaften Prozesse behindern und das Zusammenleben erschweren. Auf der einen Seite stehen die Löwenkönige, die versuchen, ihren Status zu wahren. Auf der anderen Seite Ihre Geschlechtsgenossinnen, voll der Missgunst wachend, dass keine andere mehr Anerkennung der Könige erhält als sie selbst. Duftmarken, die bei Löwen hilfreich wirken, werden bei Löwinnen oft das Gegenteil erreichen!

Sie müssen sich also für eine Seite entscheiden! Wählen Sie nach eigenem Ermessen – aber wählen Sie! «Everybody's Darling» ist auf Dauer kaum möglich. Zumindest nicht, wenn Sie erfolgreich nach oben oder Ihre Ruhe haben wollen! Halten Sie dann diesen Weg auch konsequent ein! Da Sie dieses Buch gekauft haben, um in einer von Männern dominierten Welt erfolgreich(er) zu sein, haben Sie sich wahrscheinlich bereits für diese Seite als Herausforderung entschieden.

Was sind nun diese ominösen Duftmarken? Hier einige Beispiele: Ihr optisches Auftreten, Ihre Kleidung, Ihre

Accessoires. Die von Ihnen gepflegte Etikette. Ihre Art zu grüßen, zu essen, zu trinken. Die Art und Weise, wie Sie gehen, stehen und sitzen. Ihre Art zu kommunizieren (zu sprechen, zu schreiben, zu präsentieren). Die Art und Weise, wie Sie Freundlichkeit oder Unmut äußern. Die Art und Weise, wie Sie mit Kritik an Ihnen oder mit Niederlagen umgehen. Die Art und Weise, wie Sie über andere sprechen. Ihr Grad der Fairness gegenüber anderen. Und vieles mehr …

Sie merken schon: All diese Punkte (und viele mehr) formen und prägen das Erscheinungsbild eines Menschen. Den Eindruck, den er bei anderen hinterlässt. Beruflich wie privat.

Erfolgreiche Menschen – hier insbesondere erfolgreiche Frauen – besitzen große Erfahrung und Routine im Gestalten und im konstanten (!) Setzen ihrer ganz persönlichen Duftmarken. Einmaliges Anwenden bringt hier überhaupt keinen Erfolg – eher das Gegenteil.

Im Folgenden sehen wir uns einmal viele dieser einzelnen Bausteine an. Danach werde ich Ihnen, wie schon versprochen, ein Trainingsprogramm erstellen, mit dessen Hilfe Sie Ihre ganz persönlichen Erfahrungen machen und Ihre Duftmarke generieren können.

Kapitel 12

Emotion schlägt Information!

Dieser einfache Satz kennzeichnet eine der unumstößlichen Tatsachen, nicht nur im Zusammenleben von Mann und Frau, sondern durchaus quer durch alle Geschlechter, Nationen und Kulturen.

Haben Sie sich nicht auch schon gewundert, warum manche Menschen trotz immer wieder bewiesener, unglaublicher Dummheit gesellschaftlich erfolgreich sind? Da gibt es (neudeutsch) «In-People», die genau genommen außer 18-mal in der Minute zu atmen keine nennenswerte Lebensleistung vollbringen – und die trotzdem dauernd irgendwo in der Presse auftauchen und einen Haufen Geld verdienen.

Direkt daneben steht nicht selten eine PR-Agentin dieser strohdummen Waschbrettbaucheigner oder Silikonbusenbesitzerinnen, die nicht nur wesentlich besser aussieht, sondern auch tausendmal klüger ist. Aber aus irgendeinem Grund achtet einfach niemand auf sie ...

Wenn Sie, liebe Leserin, erfolgreich durchs Leben gehen wollen, so reicht es eben nicht, viel zu wissen oder zu können! Sie können die beste Fachfrau der Welt sein; mit unglaublichem Wissen und hundertjähriger Erfahrung – wenn man Sie nicht leiden kann, Sie langweilig findet oder Sie vielleicht in der Masse der Klugspielenden gar nicht erst entdeckt, so laufen Sie bei Ihren Zeitgenossen beiderlei Geschlechts selbst mit den besten Argumenten schwierigen Zeiten entgegen.

Ich bin sicher: So manche wunderbare Frau mit ungeahnten Talenten dämmert irgendwo Aktendeckel zuklappend oder am Fließband Teile einsetzend vor sich hin. Einfach nur, weil niemand auf sie aufmerksam wird. So manche nobelpreisreife Frau ist resignierend in den Tiefen eines Labors verschwunden, obwohl sie vielleicht Fachwissen oder Fähigkeiten besaß, die ihr viel mehr als das wenige Erreichte garantiert hätten.

Dagegen kann man strohdumm sein und ziemlichen Unsinn erzählen – wenn man es irgendwie schafft, seine Mitmenschen emotional zu berühren, so hat man gute Chancen, trotz seiner Defizite durchzukommen.

Ganz aktuell erblicke ich immer wieder ein und dieselben drei Damen im Fernsehen. Eine von ihnen bezeichnete ein bekannter, bei Frauen beliebter Schauspieler als «Mensch gewordener Klingelton»! Alle drei sind nachweisbar «dumm wie Brot» und kaum fähig, einen zusammenhängenden sinnvollen Satz zu sprechen. Aber allen gehört die Aufmerksamkeit der gesamten Umgebung – einerlei, wo sie auftreten. Und jeder noch so nichts sagende Satz wird aufgezeichnet und als berichtenswertes Statement über den Äther gejagt …

Warum das funktioniert? Diese drei Frauen besitzen großes Talent, emotionale Duftmarken zu setzen. Jede auf ihre Art, aber alle mit großer Professionalität! So vermögen es zum Beispiel alle drei, sich immer so zu bewegen, dass jeder Schnappschuss eines Paparazzo mit einem guten Ergebnis belohnt wird.

Sie, liebe Leserin, werden nicht so oft von dieser Blitzlichtmeute fotografiert? Gut für Sie, glauben Sie es mir!

Aber darum geht es hier nicht! Bedenken Sie einfach: Wie erfolgreich müssten Menschen im Beruf sein, die über beides verfügen: Intelligenz, Klugheit, Fachkompetenz *und* die Fähigkeiten, diese Eigenschaften ins rechte Licht der Aufmerksamkeit zu rücken …

Dass Emotion Information schlägt, wissen auch andere Kommunikationsprofis! Dies lässt sich leicht belegen: Wenn Sie einmal in dieser Hinsicht etwas wirklich Professionelles erleben wollen, dann nehmen Sie einmal an einer der bösen Heizdecken-Verkaufsveranstaltungen für ältere Menschen teil oder hören Sie bei Verkaufsgesprächen von windigen Versicherungsverkäufern sehr genau zu.

Diese oft zweifelhaften Profis verdecken so gut wie alle Informationen (Fakten) durch Argumente, welche ausschließlich die emotionale Kommunikationsebene, also die Gefühle berühren. Sind die erst einmal im Griff, ist der Rest einfach. Da wird zum Beispiel die Angst vor der Armut im Alter durch düstere Beispiele geschürt und dann erst die Lösung (z. B. die Lebensversicherung) angeboten. Umgekehrt würde dies kaum funktionieren: «Hör mal, ich mach dir einen Vorschlag: Zahle viele Jahre eine Menge Geld in eine Lebensversicherung ein, und wenn du dann Glück hast, gibts irgendwann auch Geld zurück …» Nein – erst müssen die Emotionen in die richtige Richtung gelenkt werden, dann haben selbst zweifelhafte Sachinformationen eine Chance.

Gute Beispiele lassen sich auch in der Politik finden. Ganz besonders kurz vor Wahlkämpfen. Da werden nicht selten emotionale Karten ausgespielt, mit denen haarsträubender Unsinn als ultimative Lösungen auf dem Weg zum Glück verkauft werden. Da bieten sich Menschen als politische Heilsbringer an, die nachweislich jede Menge Schaden angerichtet haben oder sogar vorbestraft sind. Das funktioniert leider immer wieder! Nicht nur weil wir Menschen unglaublich vergesslich sind, sondern weil derjenige immer der Sieger ist, dem es gelingt, die Emotionen der Menschen für sich zu gewinnen.

Wenn wir also davon ausgehen, dass Sie, liebe Leserin, klug, erfahren, kompetent und innovativ sind, dann brauchen wir nur noch dafür zu sorgen, dass Sie den verdienten emotional getragenen Aufmerksamkeitswert erhalten. Der Rest kommt von allein.

Deshalb werden wir uns jetzt mit folgenden interessanten Themen befassen:

Ihr optisches Auftreten
Ihre verbalen Fähigkeiten
Ihre Fähigkeiten, sich und Ihre Botschaften zu präsentieren

Kapitel 13

Sie haben nur 3 Sekunden!

Vielleicht auch vier. Aber das wars dann meistens auch schon! Erinnern Sie sich an mein am Anfang dieses Buches geschildertes Erlebnis im Café? Damals fielen mir direkt nach dem Betreten des Lokals zuerst die drei ansprechend gestylten Damen ins Auge. Ähnliches lässt sich leicht auch umgekehrt darstellen.

Stellen Sie sich einmal vor, Sie betreten Ihr Stammlokal. An der Bar stehen mehrere Ihnen nicht bekannte Männer. Drei von Ihnen sind top gestylt, mit freundlichem, offenem Blick, machen einen gepflegten und souveränen Eindruck. Daneben steht noch ein Vierter. Unscheinbar angezogen, mit hängenden Schultern und in sein Bier weinend.

Wem würden Sie wohl Ihre Aufmerksamkeit zuerst und vor allem schenken? Natürlich den drei Erstgenannten. Dabei könnten alle drei dumm wie zehn Meter Feldweg sein – auf die Idee, sich dem vielleicht charmanten, klugen und eloquent denkenden Unscheinbaren zu widmen, würden Sie kaum kommen.

Uns Männern geht es genauso! Zuerst fällt uns auf, wer auffällt. Wer die passenden Emotionen bei uns auslöst und wer (ob es Ihnen gefällt oder nicht – es ist so!) die stärksten und deutlichsten sexuellen Signale sendet! Nun können Sie gerne den Kopf schütteln und entrüstet denken: «Haben die Kerle nichts anderes im Kopf?»

Erst einmal «nein»! Wäre dem anders, so wäre die Menschheit wahrscheinlich schon längst ausgestorben.

In der Damenwelt ist das nicht viel anders! Wenn Sie als Frau einen Menschen zum ersten Mal treffen, so spielt sich bei Ihnen (und natürlich auch bei Ihrem Gegenüber) immer der gleiche Film ab: Zuerst versucht Ihr Gehirn, die Person blitzschnell auf ihr Geschlecht hin zu identifizieren. Diese vollautomatische Suche nach Indikatoren hat etwas mit dem uralten Bedürfnis nach «Sicherheit» zu tun. Begegnen sich zwei Hunde oder andere Tiere aus unterschiedlichen Rudeln, so bleiben sie erst immer ein paar Sekunden stehen und starren sich an.

Bei uns ist diese Überprüfungsphase ebenfalls noch vorhanden. Männchen oder Weibchen? Damit werden schon erste emotionale Weichen gestellt. Männchen gleich interessant. Weibchen gleich Konkurrentin. Das alles passiert unbewusst und in etwa 0,3 Sekunden. Bei uns Männern findet das natürlich mit umgekehrten Vorzeichen statt.

Ist dieser erste Eindruck nicht eindeutig, so löst dies in unserem rasend schnell erstellten Profil Konfusion aus. Zum Beispiel wenn der Mann sehr schlank ist, einen Zopf trägt und für Sie nur von hinten zu sehen ist. Oder wenn die Frau durch ihre Kleidung, Figur und Frisur einen sehr androgynen oder eher männlichen Eindruck macht.

Die nächsten 0,3 Sekunden des Erblickens eines anderen Rudeltieres dienen dazu, das Gegenüber auf «seine Gefährlichkeit» hin abzuklopfen. Wir Menschen registrieren unbewusst die Art und Weise, wie sich das Gegenüber bewegt, den Klang (nicht die Worte) der Stimme und die Wirkung von Farben.

Hektische Bewegungen lösen andere Emotionen in uns aus als langsame. Körperhaltungen werden blitzschnell auf Drohgebärden hin überprüft. Schrille Stimmen wirken anders als sonore und tiefe. Farben wirken je nach Kulturkreis völlig unterschiedlich – aber sie wirken!

Auch hier versucht unser Gehirn unbewusst das Puzzle zu vervollständigen, um unser Überleben unter potenziellen Feinden zu sichern. Treffen Sie auf einen massigen Kerl mit Piepsstimme, so irritiert dies genauso wie eine Frau mit Bassbariton.

Nach etwas mehr als einer halben Sekunden ist Ihr Gegenüber bereits weitgehend eingestuft. Ist das Interesse geweckt (weil männlich interessant oder weiblich konkurrierend), so versucht Ihr Gehirn umgehend und unvermeidbar, Augenkontakt mit dem Gegenüber aufzunehmen, um weitere Steinchen für das Puzzle zu erhalten. Ist mir der Mensch gegenüber freundlich gesinnt? Schenkt er mir Aufmerksamkeit? Oder muss ich weiterhin auf der Hut sein? Was teilen mir die Augen des Gegenübers mit? Interesse an näherem Kennenlernen oder eher Gleichgültigkeit? Entspannende Sympathie oder eher Misstrauen?

Nun erst – nach etwa ein bis zwei Sekunden – hören wir aufmerksam auf eventuelle Worte aus dem Mund des Gegenübers! Die Art und Weise, wie wir nun das Gehörte filtern und bewerten, wird weitgehend vom Ergebnis der vorhergehenden Überprüfungen bestimmt! In der Realität haben Sie jetzt nur noch minimale Chancen, diesen ersten Eindruck nachhaltig zu korrigieren …

Aus diesem Grund sollten wir uns einmal ansehen, wie Sie als Dame wirken und worauf Sie achten sollten, wenn Sie Menschen (und hier im Besonderen Männern) gegenübertreten.

1. Fangen wir doch einmal bei den ersten Sekundenbruchteilen an:

Wenn Sie einen für Sie wichtigen Raum betreten (z. B. bei einer Besprechung, einer Veranstaltung oder ein Café), so sollten Sie direkt an der Tür einen kurzen Moment stehen bleiben und danach mit sehr aufrechter Haltung ruhig und bestimmt, mit erhobenem Kopf weitergehen. Nehmen Sie dabei frühzeitig Ihrerseits freundlichen (!) Augenkontakt mit den Anwesenden auf. So etwas nennt man «Duftmarken setzen»! Nicht nur bei uns Männern ruft das Aufmerksamkeit hervor.

Je rascher Sie dabei als Frau (rein rudeltechnisch als «weiblich») zu identifizieren sind, desto besser! Dabei ist es weitgehend unerheblich, ob Sie ein paar Kilo zu viel auf den Hüften haben oder nicht. Entscheidend ist, dass Ihre Konturen Sie als «weibliches Rudelmitglied» darstellen. Dies ist auch der Grund, warum Damen mit bemerkenswerten Oberweiten, schmalen Taillen oder sichtbaren langen Beinen höheren Aufmerksamkeitswert haben als solche mit eher männlichen oder weitgehend verdeckten Konturen. Einfach ausgedrückt: Je kurviger die Körperkonturen sind, desto größer der Aufmerksamkeitswert. Breite Schultern und schmale Taillen bei den Männern, entsprechend andere Konturen bei den Damen. Was dabei als «weiblich und attraktiv» gilt, kann von Kultur zu Kultur unterschiedlich sein. Damen, deren Figur in manchen afrikanischen Ländern als unschlagbar gilt, würden hier aus dem gewohnten Schönheitsraster fallen. Aber zurück zu unseren Breiten! Beim Gestalten der entsprechenden Konturen helfen kleine Tricks in der Wahl der Dessous. Schlabberpullis und Schlabberhosen, kombiniert mit extremer Kurzhaarfrisur, sind also nicht unbedingt zu empfehlen …

Anmerkung: Ich weiß, auch unter uns Männern gibt es Sonderexemplare, die da ebenfalls aus der Reihe fallen, aber hier geht es nun mal um die Damenwelt.

Achten Sie also bitte darauf, dass Sie durch Ihre Kleidung rasch als «Frau» erkennbar sind! Das hat nichts mit tiefen Dekolletees oder Miniröcken zu tun! Aber in unserem Kulturkreis haben zum Beispiel Röcke immer einen höheren Aufmerksamkeitswert als Hosen! Das heißt nicht, dass Sie keine Hosen mehr tragen sollen. Nur, wenns drauf ankommt, dann sollten Sie zum Rock greifen – einerlei welcher Länge.

Nun erlebe ich bei meinen Klientinnen immer wieder, dass regelrechte Phobien gegen Röcke vorhanden sind, weil man ja angeblich so dicke Beine hat … Liebe Leserin, lassen Sie sich doch nicht so einen Unsinn einreden! Ich kenne kaum einen Mann, der sich bei Frauen über zu dicke Beine aufregt! Derartigen Quatsch propagieren vielleicht Modezeitungen und diverse andere Blättchen in den Wartezimmern von Ärzten.

2. Sehen wir uns einmal an, was Sie danach tun können, um die richtigen Weichen zu stellen:

Sie haben den Raum betreten und bewegen sich nun in irgendeine Richtung. Hier beurteilen Ihre Beobachter unbewusst Ihre Art, sich zu bewegen. Sie brauchen dazu keinen Lehrgang an der Schauspielschule! Stellen Sie sich einfach vor, jemand würde Sie am Haarschopf packen und die ganze Zeit am Kopf hochziehen. Gehen Sie selbst dann relativ langsam, wenn Sie es eilig haben! Auf die eine Sekunde kommt es nicht an. Während dieser Zeit setzen Sie die entsprechenden Impulse in den Gehirnen aller, die Sie bewusst oder unbewusst betrachten. Hier wirken Farben besonders intensiv.

Falls Sie Menschen begrüßen, so wirkt jetzt unbewusst der Klang Ihrer Stimme. Dunkle Stimmen haben höheren Sympathiewert als schrille helle. Für Ihre Stimme können Sie nichts. Aber wenn Ihre normale Stimme aus irgendeinem Grund plötzlich die Tendenz zum Schrillen haben sollte – schlucken Sie ein paar Mal – dann gehts wieder. Das hängt bei den meisten Damen mit leichten Verkrampfungen der Stimmbänder zusammen. Ausgenommen so manche Drillbohrerstimme aus dem angelsächsischen Raum …

3. Nun werden Menschen, deren Interesse Sie geweckt haben, versuchen, mit Ihren Augen Kontakt aufzunehmen. Auch dann, wenn Sie selbst diese Menschen gar nicht ansehen! Je rascher und deutlicher dies geschehen kann, desto besser. Je freundlicher das Ergebnis, desto förderlicher.

Erlauben Sie diesen Augenkontakt ohne Einschränkungen! Immer wieder erlebe ich Damen, welche aus unerfindlichen Gründen einen Blick aufsetzen, der «ins Leere geht» wie bei einem toten Fisch! Etwas, das sie von vielen Models auf dem Catwalk abgeschaut haben. Ich frage mich dann immer: Ist nur der Blick tot – oder auch der Raum hinter den Augen? Auch treffe ich oft auf Damen, die es scheinbar als todschick empfinden, selbst abends noch mit Sonnenbrille auf der Nase herumzulaufen. Einer der vielen Gründe, warum zum Beispiel das deutsche Model Heidi Klum so erfolgreich ist, ist die Tatsache, dass sie die Waffe «offen praktizierte Freundlichkeit» durch ein breites, sympathisches Lächeln nahezu perfekt einsetzt.

Damit die Herren der Schöpfung rasch zu Ihren Augen finden und anschließend an Ihren Lippen «hängen bleiben», haben die Frauen dieser Welt das Schminken erfunden. Deshalb sollten Sie bei allen auch nur einigermaßen wichtigen Auftritten Ihre Augen und Ihren Mund betonen! Ich rede nicht von «anmalen», sondern von «betonen». Mit dieser Möglichkeit sind Sie uns Männern seit König Ludwig XIV. einen uneinholbaren Schritt voraus!

Sie haben sich noch nie geschminkt? Kein Problem! In jeder größeren Stadt gibt es Visagisten, die Ihnen gerne beibringen, wie man sein Gesicht in 2 Minuten stylt und in 30 Sekunden zum Urzustand zurückkehrt.

Kann gut sein, dass Sie nun beim Lesen den Kopf schütteln. Sie tragen nie Make-up? Okay, Ihre Sache! Aber wir Männer reagieren da ziemlich einfach. Was auffällt, wird eher angesehen! Möchten Sie also mehr Aufmerksamkeit, so sollten Sie meinem Ratschlag folgen!

Faustregel: Stimmt Ihre Aufmachung und damit der erste Eindruck, so bleiben alle Betrachter nach kurzem Interesse und Emotionen weckenden «Scannen» an Ihrem Gesicht (vor allem Ihren Lippen) mit voller Aufmerksamkeit hängen. Und das ist doch genau das, was Sie sich wünschen – oder?

Kapitel 14

Wie ferngesteuert sind Sie?

Ich bin mir im Klaren, dass ich mich mit den letzten – und den nun kommenden Kapiteln auf ein äußerst gefährliches Terrain begebe! Nichts kann tödlicher sein, als Frauen zu erklären, was sie unter Umständen in Bezug auf ihr Aussehen falsch machen. Da ich jedoch annehme, dass Sie dieses Buch nicht nur gekauft haben, um sich zu entrüsten, sondern um aktiv und gezielt erfolgreicher zu werden, bin ich mir sicher, dass Sie auch die nächsten Seiten nicht nur lesen, sondern die Ratschläge darin auch ernst nehmen und berücksichtigen werden …

Wenn wir jetzt daran gehen, gemeinsam einmal zu überprüfen, ob Sie sich richtig darstellen, die richtigen Duftmarken setzen, dann sollten wir uns vorab einmal kurz ansehen, wie sehr Sie imstande sind, Ihren ganz persönlichen Weg zu gehen. Wir leben nämlich in einer Zeit, in der man sich den rasch wechselnden Stimmungs- und Meinungstrends seiner Umwelt auf Dauer kaum mehr entziehen kann.

«Früher war alles besser!», hört man immer wieder. Falsch! Es war nicht «besser», es war langsamer und dadurch für jeden Einzelnen besser zu kontrollieren. Inzwischen wird mit zunehmend steigender Geschwindigkeit alles schneller und kurzlebiger. Bestehende, stabile Werte werden in den Hintergrund gedrängt. Ein Kinofilm ist nach 14 Tagen fast vergessen, eine CD muss innerhalb von wenigen Wochen ihr Geld verdienen. Mode wechselt inzwischen viermal pro Jahr ihr Aussehen. Unterschiedliche Nachrichten im Fernsehen kommen inzwischen zur selben Zeit auf denselben Bildschirm. Kaum einer hört mehr wirklich zu. Kaum einer sieht mehr genauer hin. Was oft zählt, ist nur noch der erste Eindruck – und der muss scheinbar immer dem jeweilig erwarteten «Trend» entsprechen, wenn man erfolgreich sein will.

Da sind also nicht nur die alten Einflüsse aus dem Elternhaus. Die Erziehung, die direkte private Umgebung, die Religion, die ungeschriebenen Spielregeln der engeren Welt, in der Sie sich bewegen. Die tausend «Du darfst nicht, du sollst und du musst».

Inzwischen kommen noch die vielen Schein-Vorbilder dazu, die Ihnen tagtäglich von den Medien als Leitfiguren vor die Nase gesetzt werden. Diese berüchtigten «must have» (man muss/man trägt/man hat) bestimmen unser gesellschaftliches Leben immer stärker.

Und nicht zu vergessen die (von Verlierern beider Seiten) oft künstlich verschärften Geschlechterkriege, die einem permanent erzählen, Frau dürfte sich auf keinen Fall unterbuttern lassen, müsse immer die Starke spielen und prinzipiell auf Konfrontationskurs zu diesen Scheißkerlen gehen.

Und doch gibt es einen Weg, erfolgreich zu sein, ohne alle diese diktatorisch wirkenden Vorgaben erfüllen zu müssen! Man darf sich nur so wenig wie möglich «fernsteuern lassen»! Das ist allerdings leichter geschrieben als getan! Ganz wird dies nie gelingen – aber man darf da nicht nachgeben!

Trotz allen gegenteiligen Beteuerungen der Wirtschaft: «Trends» werden gemacht – oder zumindest bei ihrer Entstehung massiv gefördert! Mehr als einmal saß ich in meinem Leben in Arbeitskreisen von Vertretern unterschiedlicher Modebranchen, in denen ganz klar analysiert und festgelegt wurde, was in einem oder in zwei Jahren «Wunsch der Frauen sein wird»! Alle Modebereiche und große Teile der Konsumgüterindustrie leben davon, dass ihre Produkte immer wieder aufs Neue gekauft werden. Gekauft wird aber nur, was vorher kaputt gegangen ist – oder was als erstrebenswert angesehen wird. Dieses «Erstrebenswert» wird in unseren Gehirnen auf sehr subtile Art und Weise und mit hohe Kosten erzeugt! Dabei kommt fast jeder Konsumgüterbereich irgendwann dran. Waren Röcke ein Jahr zu kurz, war der Stoffverbrauch zu niedrig. Also müssen Röcke länger werden. Sind spitze Schuhe mit dünnen Absätzen ein Jahr lang gut verkauft worden, müssen die nächsten unbedingt abgerundet und mit dickeren Sohlen entworfen und als «unverzichtbar für die moderne Frau» kommuniziert werden.

Allerdings kauft niemand Schuhe, nur weil plötzlich andere Absätze Mode sind. Schon gar nicht, wenn die eigenen Schuhe noch in Ordnung sind. Deshalb sind Hunderte von Marketing- und Trendagenturen damit beschäftigt, über unterschiedlichste Kanäle das Image von der «modernen, modebewussten» Frau hochzuhalten. Stars und Sternchen in Film, Musik und TV werden finanziert, um neueste Moden bekannt zu machen. Pseudopromis werden als Vorbilder dargestellt, einerlei welchen Charakters sie tatsächlich sind. Und jede Frau, die nicht auf diesen «Kauf ein, was das Zeug hält»-Zug aufspringt, wird als «unmodern», als Modemuffel, als «out» klassiert und bloßgestellt. Beinahe eine Art von generalisiertem Mobbing – oder?

Erst vor kurzem beklagte sich eine erfolgreiche Schauspielerin bei mir, dass alles, was Boulevardjournalisten von ihr auf einer Veranstaltung wissen wollten, war, welchen Designer sie tragen würde. Auf der Geburtstagsveranstaltung eines bekannten TV-Senders klagten «Society-Journalisten», dass viele der Stars die Namen der Designer nicht nennen könnten, deren Klamotten sie tragen würden. Wie dumm, wie dumm!

Leider haben viele Menschen (Männer wie Frauen) diesen «Zwang», als modern und trendy zu gelten, zum Hauptkriterium für die Beurteilung ihrer Mitmenschen erhoben. Für sie ist jede(r), der nicht auf alle kurzfristigen Trends anspringt, unkreativ, konservativ, langsam, spät, unflexibel. Besonders bei Jugendlichen ist dieser Zwang ausgeprägt und eine leider wirksame Waffe im Rudelkampf um die gesellschaftlichen Führungspositionen. Für Männer wie Frauen (und noch mehr für Jugendliche) ist es sehr schwierig, dieser Dauerberieselung mit immer neuen «Man hat, man trägt» zu entkommen. Um sich dagegen anzustemmen und einen eigenen, persönlichen Stil zu entwickeln, bedarf es einer gehörigen Portion Selbstbewusstsein, der Fähigkeit zur Selbstkritik und reichlich Durchhaltevermögen.

Manchmal lässt man sich einfach zu sehr von Menschen beeinflussen, die Ratschläge und Kommentare geben, welche bei genauerem Betrachten nur die riesige Kluft aufzeigen, die sich aus der Unkenntnis von realistischen Lebensumständen ergibt. Im Rahmen der Recherchen zu diesem Buch habe ich zahlreiche Damen aus unterschiedlichen Gesellschafts- und Berufsschichten um Kommentare zum Thema Kleidung gebeten. Nachfolgend zwei der aufschlussreichen Antworten:

Kommentar 1:
«Hallo Fred! Was soll ich dazu sagen? Ich bin schon froh, wenn ich es schaffe, meine und meiner Kinder Klamotten sauber und tragbar zu erhalten. Mit meinem Minigehalt und Dank meines nicht zahlenden Ex ist einfach nicht mehr als das Notwendigste drin! Mode ist etwas, von dem ich nur träumen kann. Wäre schön, wenn Du in Deinem Buch Frauen wie mich berücksichtigen würdest ...»

Kommentar 2:
«Lieber Fred, ich habe die einzelnen Buchkapitel überflogen. Ich meine, dass Dein Kapitel über die richtige Kleidung doch nicht ganz der jetzigen Zeit entspricht. Die Frau von heute trägt Designerjeans. Ob Victoria Beckham, Gucci oder Prada. Wie sagte mir unlängst ein Shop-Besitzer auf Mallorca, der in L.A. einkauft? «Seit rund drei Jahren hat die Designer-Jeans die Stoffhose abgelöst.» Die Auswahl an tollen und gut geschnittenen Markenjeans ist riesig. Der vorteilhafte Schnitt der Bootcut-Jeans, enger Oberschenkel und weiteres Bein, ist eine der vorteilhaften Jeans, da langes, schlankes Bein mit Abschluss spitzer Stiefel oder spitzer Halbschuh. Die Frau von heute weiß sich doch schon recht geschmackvoll zu kleiden, die Farben und Formen auf sich abzustimmen und sich zu erkennen. Aber Frauen von heute sind jung und «machen sich nicht auf jung». Es ist die Frau mit Jeans und Stiefel, mit gut geschnittenem Blazer aus edlem Material, guter Haarschnitt und klasse Tasche. Vernünftige Figur setze ich voraus. Und schon hast Du die klasse Frau mittleren Alters, die in jeder Chefetage sitzen kann und die Kerle in die Tasche steckt.»

Soweit zum Thema «unterschiedliche Betrachtungsweisen» ...

Wenn Sie also für sich nicht gerade die teure und kurzlebige «Immer das Neueste»-Duftmarke pflegen wollen oder können, so versuchen Sie bitte unbedingt, sich von kurzfristigen Modezwängen frei zu halten! Dies auch dann, wenn irgendwelche männlichen oder weiblichen Nasen Sie als unmodern oder «bieder» klassifizieren! Wenn ein Mann Sie nur toll findet, weil Sie immer dem neuesten Trend entsprechend gekleidet sind, dann ist er schlicht der Falsche! Wenn Ihre Freundinnen Sie nur akzeptieren, weil Sie jeden Modequatsch mitmachen, so sollten Sie etwas auf Abstand gehen!

Denken Sie daran: *Sie sind einmalig!* Es gibt Sie nur ein Mal auf dieser Welt! Sie sind eine bemerkenswerte Persönlichkeit! Einerlei, welche scheinbaren Defizite Sie Ihr Eigen nennen! Sie sind einmalig! Und es wird nun wirklich Zeit, dass Ihre Umwelt das zur Kenntnis nimmt! Das Leben ist einfach zu kurz, um im Nebel mit der Masse mitzulaufen, oder? Und Masse – das sind die, die alles mitmachen, alle die gleichen Täschchen, die gleichen Schuhe und die gleichen Jacken anhaben, weil irgendeiner sie unbedingt verkaufen möchte …

Das sind zum Beispiel diejenigen Damen, die ihr Gehaltskonto überziehen, nur um irgendwelche Outfits von sogenannten Societystars zu imitieren. Sie nehmen sich dabei Frauen als Vorbild, die ihnen vom intellektuellen und menschlichen Niveau her oft gar nicht gewachsen sind. Die diese Klamotten entweder als Werbeträger geliehen bekommen haben oder die ihren Namen als Marke in Lizenz verkaufen. Nicht selten haben diese «Vorbilder» selbst reichlich wenig dazu getan, sich die Unsummen für ihren Lebensstandard zu verdienen.

Hey – als selbstbewusste Frau sollten Sie nicht alles essen, was Ihnen irgendwelche Marketingspezialisten als unverzichtbar vorsetzen, die nichts im Sinn haben, als ihr Menü schnellstens loszuwerden!

Also wird es Zeit für Sie, sich um Ihre ganz persönlichen passenden Duftmarken zu kümmern! Fangen wir einfach bei dem Signal an, das Sie immer und überall als Erstes senden: Ihrer optischen Erscheinung!

Sind Sie selbstbewusst und stolz auf sich und Ihre Lebensleistung? Dann sperren Sie sich doch einfach mal dagegen. Vermeiden Sie modische Extreme! Kann ja sein, dass die kleinen Kettchen an allen möglichen Gliedern so wunderbar jung machen. Kann ja sein, dass Sie als Mittvierzigerin noch eine wunderbare Figur haben, die locker einen freien Bauchnabel zur Jeans gestattet. Kann ja sein, dass Ihr Tattoo auf den Lendenwirbeln nur Sinn macht, wenn man es über den Hosen sieht. Dass Sie sich mit den bunten Babytäschchen auf der Schulter oder den tollen hautengen Tops wieder richtig jung fühlen. Dass Sie die wunderbaren Pumps mit den zwei Meter langen Schuhspitzen traumhaft finden. Oder die mit den schicken dicken Sohlen aus Reifengummi. Oder die giftgrünen Flip-Flops oder die …

Was auch immer gerade «unglaublich in» sein mag – vieles von dem finden wir Männer einfach affektiert und dämlich! Vor allem dann, wenn die Differenz zwischen offensichtlichem Alter und alterstypischer Kleidung zu groß ist! Bei Ihrem Erscheinen in der Öffentlichkeit erreichen Sie damit für die ersten Sekunden vielleicht einen höheren Aufmerksamkeitswert gegenüber Ihren Geschlechtsgenossinnen im Raum. Aber eben nur für die ersten paar Sekunden. Schon kurz danach setzt sich bei den meisten Männern die Erkenntnis durch, dass man hier eine Frau vor sich hat, die wohl leichte Probleme mit der Einbildung hat, nicht die propagierte Idealfigur oder das gewünschte Alter zu besitzen. Eine Frau, die krampfhaft versucht, Räder zurückzudrehen und wie ein Teenie aufzutreten.

Versuchen Sie also, vor allem bei der Wahl Ihrer beruflich getragenen Kleidung im Rahmen der «alters- und typgerechten Standards» zu bleiben. Es gibt auch hier Tausende von Möglichkeiten, attraktiv aufzutreten und entsprechende Duftmarken zu setzen. Unabhängig von Geld und Umfeld: Entgegen den Ansichten von vielen Frauen bietet Mode immer ein unglaublich weites Feld, attraktiv zu wirken, *ohne* auf jeden kurzfristigen Modetrend aufzuspringen und eine Menge Geld für Dinge loszuwerden, die nach vier Monaten reif für die Altkleidersammlung sind.

Ähnlich läuft es auch beim Thema «optische Korrekturen»! Liebe Leserin! Ich kann sehr gut verstehen, dass Sie ein paar Punkte an Ihrem Körper gerne etwas anders gestaltet sehen würden. Uns Männern geht das ganz genauso! Aber die meisten von uns Männern nehmen das entweder hin, versuchen einfach, diese Defizite irgendwie zu kaschieren, oder sie versuchen durch mehr oder weniger erfolgreiche Leibesübungen, etwas zum Positiven zu verändern.

Ich kenne keinen Mann, der sich darüber aufregt, dass eine attraktiv wirkende Frau in den Augenwinkeln oder um den Mund herum irgendwo eine Falte mehr hat als eine andere. Trotzdem sehe ich immer öfter Damen, die offensichtlich (und auf den ersten Blick erkennbar) chirurgische Korrekturen hinter sich haben. Dies zu erkennen ist nun wirklich keine große Herausforderung! Alles, was ich wissen muss, ist, wie sich eine «normale» Brust am Körper bewegt. Alles, was ich tun muss, ist, mir den Hals oder (noch eindrucksvoller) die Handrücken der betreffenden Dame anzusehen, und ich weiß, dass mir hier jemand wieder einmal etwas vorgaukeln möchte! Am Strand sehe ich

Figuren auf dem Rücken liegen, deren Oberweiten starr und fest senkrecht nach oben zeigen. An der Bar treffe ich auf Damen mit 30-jährigem Gesicht und 50-jährigen Händen.

Die müssen uns Männer für unglaublich dumm halten! Auf mich und viele meiner Freunde wirkt dies genau so, wie die Erkenntnis auf Sie wirken würde, irgendwo einen Traumtypen kennengelernt zu haben, bei dem Sie wenig später erkennen, dass er sich den Bierbauchspeck wegsaugen, die Lippen aufblasen, die Tränensäcke wegoperieren und Haar einpflanzen ließ ... Man fühlt sich einfach verschaukelt und hat mit der betreffenden Person schlicht Mitleid! Möchten Sie das? Sicher nicht!

Deshalb Finger weg von all dem! Wenn Sie zu den ganz wenigen Menschen mit extremen körperlichen Mängeln gehören, so spricht nichts dagegen, sich chirurgische Hilfe zu besorgen. Aber lassen Sie bitte die Finger von all diesen krampfhaften und rasch erkennbaren Versuchen, jünger auszusehen! Ich kenne eine Menge Frauen, die ganz und gar nicht den Barbiepuppenvorgaben vieler Frauenzeitschriften entsprechen und die trotzdem phantastische vierzig, fünfzig oder sechzig Jahre alt sind. Dank ihrer Ausstrahlung, dank ihrer Intelligenz und dank der souverän gesetzten emotional wirkenden Duftmarken, wo immer sie in Erscheinung treten.

Nun könnte Ihnen das ja egal sein, wenn damit nicht privat wie beruflich Risiken verbunden wären. Unter Meinesgleichen gibt es leider eine große Anzahl von Geschlechtsgenossen, die entweder nicht unbedingt mit Intelligenz gesegnet sind oder die das Thema «Frau» (aufgrund von mangelndem Selbstbewusstsein oder aus welch Gründen auch immer) auf das Thema «Sex» reduzieren. Dies hat besonders im Privatleben den unangenehmen Effekt, dass Sie – so Sie sich krampfhaft auf «jung» stylen – mit hoher Wahrscheinlichkeit ausschließlich nach den von Ihnen gesendeten sexuellen Signalen beurteilt werden. Was dann zählt, ist nicht «Frau», sondern «Arsch und Titten». Ich kann mir einfach nicht vorstellen, dass Sie Gefallen daran finden, unter diesen Aspekten begutachtet zu werden.

Im Berufsleben besteht eher eine andere Gefahr: Wie Sie und andere Frauen auch, so schlagen wir Männer ebenfalls einen völlig unlogischen gedanklichen Bogen von dem Menschen, den wir sehen, zu dem, was wir ihm an fachlichen Kompetenzen zutrauen! Einem Mann, der herumläuft wie ein abgerissener Penner, dem trauen Sie kaum geniale Fähigkeiten als Banker, Topmanager oder Gynäkologe zu. Einem offensichtlichen Sechziger mit allen modischen Attributen eines Jungdynamikers begegnen Sie mit abschätzigem Lächeln. Ähnlich bei uns: Einer Frau, die offensichtlich Probleme mit ihrem Alter oder ihrer Figur hat, trauen wir einfach beruflich weniger zu als Frauen, die zu sich und ihren (sogenannten) Defiziten stehen!

Kapitel 15

Power in Pumps?

Sehen wir uns doch einmal an, worauf Menschen (und insbesondere wir Herren der Schöpfung) achten, wenn wir Frauen begegnen. Wo Sie Fehler machen können und wo Sie die Möglichkeit haben, entscheidende Duftmarken zu setzen. Einerlei, ob im Beruf oder privat. Fangen wir dabei einfach bei Ihren Füßen an und arbeiten wir uns gemeinsam bis zu den Haarspitzen nach oben durch. Aber erst einmal zu einem Begriff, der gern verwendet, aber selten genau definiert wird:

«Businesskleidung»

Wieder einmal ein ach so wichtiger Begriff für etwas ganz Alltägliches: Die Klamotten, die wir im Beruf tragen müssen, sollen, dürfen oder wollen. Hier Empfehlungen auszusprechen macht wenig Sinn! Je nachdem, in welcher Branche Sie arbeiten und wie viel Sie dort zu sagen haben, sind die Anforderungen an richtige Berufskleidung unterschiedlich. Während Banken, Vertriebsorganisationen und das «obere Management» meist sehr viel Wert auf Einhaltung von Kleidungsvorgaben oder ungeschriebenen Regeln legen, ist dies für die sogenannten «kreativen Berufe» nicht so wichtig. Hier gilt eher «trendy»; selbst dann, wenn es der subjektiven Glaubwürdigkeit schadet. Die «Kommunikationsexperten» praktizieren hier oft selbst das Gegenteil von dem, was sie propagieren, und wundern sich, wenn sie von konventionell eingestellten Kunden nicht ernst genommen werden. Wenn Sie in einem Arbeitsmantel, in Uniform oder Overall arbeiten müssen, so erledigt sich das Thema Berufskleidung meist von selbst. Sie sparen dann zwar eine Menge Geld, können aber kaum variieren. In diesem Fall bleiben Ihnen beruflich nur das Feld der «verbalen Duftmarken» sowie der Umweg über Marken rund um die Berufskleidung. Also, die Art und Weise, wie Sie sprechen, argumentieren, lächeln und schimpfen, sowie Modifikationen bei Haar, Gesicht, Händen und Gang.

Aber vielleicht gehören Sie ja auch zu den Glücklichen, die Ihre berufliche Kleidung weitgehend frei wählen können. In diesem Fall haben Sie mehr Möglichkeiten, an Ihrem beruflichen Image zu drehen.

Die Grundregel für Kleidung im Beruf (welcher Art sie auch immer sein mag) lautet: Immer eine Kleinigkeit besser (gepflegter) wirken als alle anderen in der Umgebung! Das geht selbst im Blaumann auf dem Bau, wie eine Bekannte von mir tagtäglich beweist.

Für den Fall, dass Sie, liebe Leserin, sich mit diesem Thema noch nie ernsthaft befasst haben, nachfolgend ein paar Hinweise, was Sie im Beruf besser nicht tragen sollten: gewagte oder tiefe Dekolletes (nur als Waffe für sehr erfahrene Frauen geeignet); freie Achselhöhlen (der Megakiller: nicht rasierte Achselhöhlen); Spaghettiträger an Tops (nur unter Jacken akzeptabel); alles, was so hauteng sitzt, dass sich auch kleinste Details darunter deutlich abzeichnen (Hosen, Röcke, Tops); Lurex, Tiger- und Leopardendesign, Glitzerfäden in gestrickten Teilen; Keilhosen, Hosen mit Blumenmuster (oder anderen Bildchen, ähnlichem Design); Stiefel, wenn mehr als wadenhoch oder mit Pfennigabsätzen; verspielte Kleinigkeiten (Gürtelschnallen, Anhängsel, Bordüren etc.). Auch wichtig bei Berufskleidung, vor allem im Büro: Imitieren Sie bitte keine Männerkleidung! Auch wenn das Modeschöpfer manchmal todschick finden. Ich frage mich sowieso, warum sich Frauen in Kleiderfragen meist von Herren beraten lassen, denen das sexuelle Gespür für Frauen weitgehend fehlt.

Bleiben Sie also auch in Punkt Kleidung «Frau». Mit allem anderen tun Sie sich keinen Gefallen! Ist doch schon schlimm genug, wenn wir Männer immer in denselben blöden Anzügen rumlaufen müssen, um irgendwelche Konventionen zu erfüllen.

Wie bei allem, so gibt es auch bei diesem Thema Ausnahmen, beziehungsweise Aspekte, die wir noch einmal genauer ansehen sollten. Sie gelten übrigens nicht nur im Beruf, sondern durchaus auch für Ihr privates Leben! Dort sollten Sie darauf achten, in der Öffentlichkeit (zum Beispiel wenn Sie mit Freunden zusammen sind) immer einen Hauch besser angezogen zu sein als die meisten anderen. Sie werden rasch merken, dass die von Ihnen gesetzten Duftmarken ebenso Wirkung zeigen. All dies kostet bei geschicktem Vorgehen wenig Geld. Vorausgesetzt, Sie laufen nicht jedem dummen «Man trägt» hinterher und Sie vergessen das, was Ihnen Ihre Freundinnen als «unverzichtbar» erklären.

Füße/Schuhe:

Beides gehört nicht zu den allerersten Bereichen Ihres Körpers, die uns Männern auffallen. Wenn wir jedoch etwas Zeit und Langeweile haben, dann unterziehen wir beides durchaus auch dann einer intensiveren Betrachtung, selbst wenn wir nicht zu den seltenen Schuhfetischisten gehören. Wenn wir gelangweilt herumstehen zum Beispiel. Oder im Büro, wenn wir in einer Besprechung an einem U-förmigen Tisch einem weiblichen Wesen gegenübersitzen und die einschläfernden Erklärungen eines Geschlechtsgenossen nicht mehr ertragen können. Genau dann fällt unser müder Blick auf die Fußbekleidungen gegenüber. Auf abgelatschte Sohlen und Fußbekleidungen samt Beinen von Damen.

In unseren Breitengraden ist es für Damen im Beruf oft unüblich, Sandaletten oder ähnliche Schuhe mit freiliegenden Zehen zu tragen. Wenn überhaupt, dann höchstens im Sommer. Gepflegte Frauenfüße sind für uns Männer genauso wichtig wie entsprechende männliche Gehwerkzeuge für die Damen! Leider gibt es bei beiden Geschlechtern Sonderexemplare, die dies noch nicht begriffen haben. Lassen Sie also Ihre Füße (und Zehennägel) manikürt ihren Teil zur Gesamtwirkung beitragen! Und – bitte (!) – keine Strümpfe zu offenen Schuhen! Auch keine ach so neckischen Söckchen! Gehen Sie vor allem im Beruf nicht jede kurzzeitig aktuelle Schuhmode-Torheit mit!

Hose oder Rock

Ich sprach es schon in diesem Buch kurz an: In unseren Kulturen haben Röcke bei Männern immer einen höheren Aufmerksamkeitswert als Hosen. Dies hat ursächlich sicher rein sexuelle Gründe, entstammt aber auch schlicht den geschichtlichen Gewohnheiten. Es gibt Länder, in denen Hosen lange die Standardkleidung der Frauen waren und Röcke erst in den letzten fünfzig oder hundert Jahren Mode wurden. Bei uns ist es eher umgekehrt.

Was unsere männliche Aufmerksamkeit betrifft, so ist dabei die Rocklänge selbst längst nicht so entscheidend für den Aufmerksamkeitswert, wie viele Damen glauben. Je kürzer, desto attraktiver? Das stimmt nur sehr bedingt! Miniröcke zum Beispiel kippen ab einer schwierig zu definierenden Kürze die Empfindungen in unseren Männergehirnen ganz rasch hin zum Peinlichen. Weil der sexuelle Reiz einfach in einem Maße zunimmt, dem viele von uns emotional nicht mehr gewachsen sind. Privat ist ein Minirock sicher ein Magnet für Männeraugen – und ein Lästergrund für Ihre Geschlechtsgenossinnen.

Im Job steuert der Mini Ihre Wirkung bei Männern rasch wieder in Richtung «Kompetenzzweifel» – also Finger weg davon! Nicht allerdings von Röcken generell! Entscheiden Sie selbst. Ich rate Ihnen, dem Grundsatz vieler erfolgreicher Managerinnen zu folgen, die sagen: «Ich lasse mir meine Auslagen nicht wegnehmen!», und die Bein zeigen. Recht haben sie! Emotion schlägt Information! Deshalb tragen Sie Röcke, die maximal eine Handbreit über dem Knie enden und die so geschnitten sind, dass sie beim Sitzen nicht hochrutschen.

Nylon an den Beinen

Unrasierte oder sogar dicht und dunkel behaarte Frauenbeine wirken auf die absolute Mehrheit der Männer genauso «abtörnend» wie behaarte Männerwaden über zu kurzen Socken auf Sie als Dame. Deshalb kommen Sie (in diesem Jahrhundert) leider nicht um entsprechende Maßnahmen herum, wenn Sie förderliche Duftmarken setzen möchten.

Verspielte Söckchen zu Röcken oder Hosen sollten Sie zumindest im Job unter dem Gesichtspunkt «Kompetenzeinschätzung» beurteilen – also eher weglassen.

Wenn Sie sich für Hosen entschlossen haben, so sind Nylon-Kniestrümpfe kaum zu bemerken. Unter Röcken werden diese unweigerlich sichtbar, sobald Sie sich setzen. Dann wechselt Ihre bisher erfolgreich aufgebaute «Attraktivitätsduftmarke» bei allen Männern in Sekundenbruchteilen zur Sorte «alte Handarbeitslehrerin» oder «Haushälterin im Pfarramt».

Ob Sie Strümpfe oder Strumpfhosen tragen, bleibt Ihnen überlassen. Allerdings hat die Sache auch hier einen emotionalen Haken. Zumindest soweit es uns Männer betrifft. Wenn einer von uns auch nur den leisesten Hinweis darauf erhält, das Sie Strümpfe statt Strumpfhosen tragen, schaltet sein Gehirn fast automatisch auf «Trieb» um! Dies wird natürlich von vielen Löwenkönigen vehement und entrüstet bestritten. Es ändert aber nichts an der Tatsache, dass dem in den meisten Fällen so ist. Auch hier ist die Gefahr am größten, wenn Sie uns gegenübersitzen.

Vor einiger Zeit nahm ich an einer Veranstaltung teil, auf der eine der seltenen Topmanagerinnen der Weltwirtschaft vor etwa 1000 Männern referierte. Ihre Präsentation war perfekt! Vom Outfit bis hin zu Rhetorik und Powerpointpräsentation. Bis zu dem Moment, als sie sich in ihrem «kleinen Chanel» souverän an einen nebenstehenden Tisch anlehnte und dabei aus Versehen den Ansatz eines Strumpfsaumes aufblitzen ließ. Innerhalb von Sekundenbruchteilen gab es Gemurmel im Saal. Sie bemerkte ihren

Fehler und reagierte blitzartig. Zwecklos, weil schon zu spät! Kaum einer der Herren im Saal hörte die nächsten Minuten zu, und in der Tagungspause war dies das Gesprächsthema unter den Löwen …

Was dieser routinierten Managerin passierte, kann auch bei Ihren Kollegen in der Firma vieles aus dem Lot werfen. Nicht nur die Dumpfbacken unter den Herren werden dann Probleme haben, Ihnen konzentriert in die Augen zu sehen.

Wie vieles bei den sexuell wirksamen Signalen so bietet allerdings auch dieser Reiz eine Chance: Da die meisten Männer darauf mit Konzentrationsverlust reagieren, kann dies in manchen Fällen eine unschätzbare Waffe für Sie sein …

Dessous

«Nun geht der Typ aber wirklich etwas zu weit», mag es nun in Ihrem Kopf aufblitzen. Falsch geblitzt. Vor gar nicht so langer Zeit hörte ich während einer Seminarpause den begeisterten, tief sexistischen Kommentar einer attraktiven Teilnehmerin. Er betraf den (wortwörtlich) «affengeilen Knackarsch» eines der männlichen Seminarkollegen. Als ich dann am Abend in geselliger Runde und im Beisein eben dieser Kommentatorin spaßeshalber einen wesentlich dezenter formulierten Kommentar zur Rückansicht einer vorbeigehenden Dame abgab, kam die erwartete Reaktion: «Das ist wieder mal typisch Mann!»

Abgesehen von dieser (als Mann hundertfach immer wieder erlebten) Selbstgerechtigkeit vieler Frauen sind wir hier durchaus beim Thema «Dessous». Die Hinterteile beider Geschlechter üben eine magnetische Anziehungskraft auf das jeweils andere Geschlecht aus – wenn sie denn deutlich zu sehen sind. Deshalb sollten Sie (so Sie Ihr eigenes Exemplar nicht bewusst als Eyecatcher einsetzen möchten) lieber etwas weiter geschnittene Röcke oder Hosen tragen.

Ich sprach schon mehrfach von den tückischen Sitzanordnungen in vielen Besprechungsräumen. Wenn Sie an beruflichen Treffen teilnehmen, so wünschen Sie sich doch die konzentrierte Aufmerksamkeit aller Herren im Raum – oder? Auch die derjenigen, die Ihnen gegenüber oder links von Ihnen sitzen.

Und genau hier kommen Dessous ins Spiel! Sitzen Sie einem Gesprächspartner an einem dieser u-förmigen Tische gegenüber, so ist es bei normaler Rocklänge fast unvermeidbar, das sein Blick irgendwann auf Ihre Beine, Knie und Oberschenkel fällt. Dies ist ein gewohnter Anblick und nicht sonderlich ablenkend (so kein Strumpfsaum zu sehen ist). Tragen Sie allerdings helle Wäsche zu dunklen Strümpfen unter Ihrem Rock, so blitzt diese wie ein Leuchtturm in dunkler Nacht! Ergebnis: Weg ist seine Aufmerksamkeit für die von Ihnen vorgetragenen Argumente …

Ähnlich ist es mit Einblicken in Ihre Bluse. Umfangreiche Untersuchungen haben ergeben: Würden Sie in einem Lokal oder in einer Besprechung in der Firma nackt neben einem Löwen sitzen, so wäre diesem der Anblick kurzfristig unangenehm (weil zu starker Reiz). Es würde aber danach seine Konzentration nur unwesentlich beeinträchtigen. Erblickt der Löwe jedoch rechts neben sich nur wenig nackte Haut, aber reichlich Dessous, wirkt dies ähnlich ablenkend wie der Blick unter Ihren Rock. Also Vorsicht mit klaffenden Blusenausschnitten oder Blusenknopfleisten.

Dass man nicht sehr dunkle Wäsche unter weißen

Blusen anzieht, versteht sich wohl von selbst. Allerdings passieren peinliche Fehler immer genau dann, wenn man am wenigsten daran denkt. Eine sehr bekannte Politikerin in den USA geriet bei Presse und zahlreichen «immer-entrüsteten Moralaposteln» genau deswegen gewaltig ins Gerede. Grund für diesen Fehler war das Pech, sich Minuten vor einem TV-Interview Kaffee über die dunkelblaue Bluse geschüttet und beim hektischen Blusenwechsel nicht mehr an die Farbe gedacht zu haben. Bei Ihnen wird sich vielleicht nicht gerade die internationale Presse den Mund zerreißen – sehr wohl aber die sogenannten lieben Kolleginnen in der Firma.

Wussten Sie, dass manche weißen Materialien unter Halogenstrahlern so durchsichtig werden, dass man Ihnen auf zwei Meter Entfernung Ihr BH-Etikett vorlesen kann? Also Vorsicht! Die Herren der Schöpfung sollen in Ihre Augen, auf Ihren Mund und (falls Sie irgendetwas in einer Besprechung an die Wand projizieren) auf Ihre Powerpointfolien schauen – oder? Ähnliches gilt für hautenge Tops, welche einer profunden, detaillierten Einschätzung Ihrer Rundungen durch Betrachter deutliche Argumente liefern.

Allerdings – für die ganz Raffinierten unter meinen Leserinnen: Je mehr Ihre Konturen Sie als «weiblich» kennzeichnen, desto höher Ihr Aufmerksamkeitswert. Gerade in den letzten Jahren haben Wäschedesigner hierzu effektvolle Hilfen kreiert. Sie besitzen also auch hier eine Waffe, die so gut wie nie Ihre Wirkung verfehlt! Wägen Sie jedoch sehr sorgfältig zwischen bewusster Ablenkung und dem unvermeidlichen Verlust der Konzentration auf Ihre fachlichen Argumente ab! Die wahre Kunst liegt wie so oft darin, das jeweils (und immer wieder anders) richtige Mittelmaß zu finden.

Obendrüber

Immer wieder werde ich gefragt, ob man besser Pullis oder Jacken über den Tops und Blusen tragen sollte. Hier gibt es nichts grundsätzlich Richtiges (wenn Sie denn die eben aufgezählten Besonderheiten beachten).

Allerdings spielen auch hier wieder die Emotionen, die Konventionen und die Kopfbilder Ihrer Betrachter eine Rolle. Gut sitzende Jacken vermitteln in den meisten Fällen mehr «Kompetenz und Souveränität» als Pullis (hier bitte mal die Logik völlig beiseite lassen – hier zählen nur Kopfbilder!). Ob Sie dabei Ihre Jacke zugeknöpft oder offen tragen, hängt nicht zuletzt vom Schnitt der Jacke ab. Übrigens: Sie sollten bei Besprechungen in der Firma bewusst Ihre Jacke anlassen. Dies auch dann, wenn die Herren die ihre ablegen. Damit steigt nicht nur Ihr Aufmerksamkeitswert; Sie verhindern auch den Blick auf eventuell auftretende, unkontrollierbar einsetzende, peinliche Schweißflecken.

Schmuck

Hier gilt besonders: Weniger ist mehr! Viel zu oft sehe ich Damen, die herumlaufen wie abgestellte Weihnachtsbäume. Dort ein Kettchen ums Fußgelenk und derer fünf am Arm, da ein Ring am Daumen und vier weitere an den anderen Fingern jeder Hand. Dort eine viel zu große Herrenuhr, da ein einzelner Ohrring in Kuckucksuhr-Pendelgröße. Alles irgendwie zu viel.

Im Berufsleben mit hoher Wahrscheinlichkeit der Karrierestopper schlechthin: Nasen- und Zungenpiercings. Liebe Leserin! Lassen Sie sich durchlöchern, wo Sie wollen – nur nicht im Gesicht. Ausnahme sind die Ohren, aber selbst dort sollte man nicht mehr als ein Schmuckstück pro Seite tragen.

Tätowierungen sind zurzeit der große Hit. Kaum eine Dame denkt in jungen Jahren daran, dass sie dieses «Schmuckstück» später nur noch mit operativen Methoden entfernen kann. Bei kleinen und großen Karrieresprüngen kann das ein richtiges Problem werden. Vor allem dann, wenn das Bildchen an einer Stelle sitzt, die schwierig zu verdecken ist. Sollten Sie sich trotzdem zu komplexen eingebrannten Bildchen entschließen; denken Sie bitte daran, dass sich Ihre weiblichen Formen mit Sicherheit im Lauf der Jahre verändern werden. So mancher tolle Delphin mutiert dann zum Karpfen, so manches Geweih zum schief sitzenden Ornament. Falls überhaupt, so verwenden Sie also besser leicht zu entfernende Abziehbilder.

Eine Grundregel bei Schmuck lautet: Alles, was glitzert (nicht glänzt, sondern glitzert), und alles, was sich bewegt (schaukelt), lenkt ungeheuer stark von dem Körperbereich ab, auf den sich Ihre Zuhörer konzentrieren sollen: von Ihrem Gesicht; Ihren Augen; Ihren Lippen.

Make-up statt Make-down

Ich würde mich wiederholen, wenn ich erneut auf die Wirkungen von geschickt betonten Augen und Lippen zu sprechen käme. Aber die Tatsache, dass diese beiden Bereiche Ihres Körpers die für Sie kommunikativ wichtigsten sind, bleibt bestehen. Vor allem im Beruf! Mein Ratschlag «Gehen Sie nie zu entscheidenden Anlässen, ohne Ihre Augen und Ihre Lippen optisch zu betonen» hat sich bei Dutzenden meiner Klientinnen als richtig erwiesen! Viele von ihnen hatten bis dahin dieses Betonen vehement abgelehnt, weil sie der Überzeugung waren, dass Fachkompetenz allein reicht. Manchmal ist «immer» der besondere Anlass! Dies hängt von Ihrem jeweiligen Umfeld ab. Meine bereits erwähnte Bekannte auf dem Bau trägt auch dort Lippenstift. Zusammen mit ihrem freundlichen Blick zaubert sie selbst in diesem harten Alltag nicht nur gute Stimmung unter den sonst ausschließlich männlichen Kollegen; auch deren Ton ihr gegenüber ist deutlich gepflegter.

Sie, liebe Leserin, sollen nicht «angemalt» herumlaufen. «Gezieltes Betonen» ist das Schlüsselwort. Amüsant dabei: Wenn Sie allerdings irgendwann in die Falle des Permanent-Make-ups getappt sind, wird das mit dem gezielten (!) Betonen schwierig. Finger weg von allem, was Sie zwingt, sich die nächsten Jahre an einen bestimmten Make-up-Stil zu binden! Wissen Sie, wie sich Stile und Anforderungen im Verlauf Ihres Lebens verändern werden? Ich nicht!

Bei alledem interessant: Wann immer ich im Rahmen meiner Arbeit als Coach mit Damen diese «Betonungseffekte» live durchspiele, stellt sich heraus, dass der Lippenstift, den die Damen als viel zu aufdringlich empfinden, noch lange nicht stark genug ist, um die Blicke anderer wirklich auf die Lippen zu ziehen. Hier müssen sich alle immer langsam an das richtige Maß herantasten. Wahrscheinlich wird es auch Ihnen ähnlich ergehen. Oder rascher: Sie gehen zu einem professionellen Visagisten und lassen sich von diesem zeigen, wie Sie sich entsprechend unaufwendig, aber wirksam stylen.

Frisuren/Brillen

... sind ein leidiges Problem, weil zahlreiche Starfriseure mit den von ihnen gesetzten Trends keine Rücksicht auf kommunikative Aspekte nehmen. So mag so manche Frisur grundsätzlich topaktuell sein. Köpfe, Gesichter und Berufe jedoch sind so unterschiedlich, dass Friseure bei Ihren Beratungen vor dem Stylen zwingend darauf eingehen sollten. Und wenn die schon nicht daran denken – Sie sollten es tun!

Halten Sie Ihre Augen und zumindest zum Teil auch Ihre Stirn frei! Frisuren, die Ihre Augen teilweise verdecken, wirken kommunikativ kontraproduktiv! Hierzu gehören vor allem sogenannte «Schabrackenfrisuren». Dieser Ausdruck hat nichts mit «alten Schreckschrauben» zu tun, sondern mit der Bezeichnung für «Übervorhänge». Es sind also Frisuren gemeint, die durch nahe am Auge herabfallende Haare jeglichen Augenkontakt von der Seite her fast unmöglich machen. Menschen versuchen auch dann Ihre Augen zu sehen, wenn Sie selbst diesen gar nicht in die Augen blicken.

Ihre Stirn muss nicht völlig frei liegen. Aber sie sollte gut sichtbar sein, weil Ihr Gesicht dann einfach offener und freundlicher wirkt als mit dichtem langem Pony oder irgendeinem topmodisch-falschen Schnitt, der die Haare dicht bis an die Augenbrauen führt. Derartige Fehler sah man jahrelang bei bekannten Politikerinnen – mit den entsprechend beißenden Kommentaren aus allen Richtungen.

Ähnlich Augenkontakt verhindernde Wirkung haben schießschartenartige Brillen oder solche mit extrem harten, breiten und dunklen Rahmen. Auch die ach so schicken Sonnenbrillen am Abend gehören dazu ...

Wichtig ist auch die Erkenntnis, dass fast alle Damen strenger, kompetenter und souveräner wirken, wenn sie ihre Haare nach hinten zusammenstecken. Sie können so innerhalb weniger Minuten die von Ihnen beabsichtigten Duftmarken entscheidend verändern! Wieder ein Werkzeug, wenn es darum geht, eigene Botschaften souveräner wirkend durchzusetzen.

Sonst noch was?

O ja! Denn wir haben ein Kleidungsstück noch gar nicht behandelt, das Sie praktisch 24 Stunden an sich herumtragen: Ihren Duft!

Seit Tausenden von Jahren verfälschen Damen ihren ganz persönlichen menschlichen Duft durch irgendwelche Riechstoffe. Ohne Frage zur Freude von uns Männern, aber sicher auch als eine Art Statussymbol. Sie ahnen es schon – abermals finden wir hier einige Stolpersteine, vor denen ich Sie gerne bewahren möchte:

Körpergeruch: Wir alle tragen ihn mit uns herum und er ist weitgehend von Faktoren abhängig, die wir nicht beeinflussen können (Knoblauchwolken und Zigarettengeruch ausgenommen). «Ich gehöre nicht zu den Leuten, die so schmutzig sind, dass sie sich jede Woche waschen müssen», schmunzelte einmal ein bekannter Kabarettist. Dabei liegt er gar nicht so extrem daneben! Immer wieder belegen länderübergreifende Untersuchungen, dass es unglaublich viele Menschen beiderlei Geschlechts gibt, die nur einmal pro Woche die Wäsche wechseln und nur zwei- bis dreimal pro Woche duschen. Deutlich riechbarer Schweißgeruch stößt ab! Ähnlich ist es mit anderen Gerüchen. Wenn Sie mehr als «manchmal» rauchen, so riechen

Sie danach! Auch wenn Sie an sich das selbst nicht bemerken. Schlimmer ist es, wenn Sie nach einer Nacht in der Kneipe die ungelüftete Kleidung tragen. Knoblauch ist nicht nur nachweislich gesund; er kann auch geschlossene Räume vernebeln.

Sollten Sie diese Tatsache einmal vergessen haben und gezwungen sein, nach dem Besuch beim Griechen oder einer Tour durch die Szene mit einer Knollen- oder Qualmwolke um Sie herum beruflich Wichtiges zu absolvieren, so gibt es eine gute Chance, dass man Ihnen verzeiht. Alles, was Sie dazu tun müssen, ist, zu Beginn Ihres Auftritts im Raum mit einer kurzen Begründung darauf hinweisen. Jeder wird dieses Missgeschick verstehen, und – einmal angesprochen – die ist Sache vom Tisch. Voraussetzung: Sie riechen nicht dreimal pro Woche danach …

Mundgeruch: Ein garantierter Sympathiekiller, der schon so manche viel versprechende Bekanntschaft verscheucht und so manche erträumte Karriere gestoppt hat! Das Problem dabei: Wir sogenannten kultivierten Menschen machen uns gegenseitig nicht darauf aufmerksam. Das gilt als unhöflich. Deshalb ist es ganz wichtig, sich in seiner Umgebung irgendjemand zu suchen, der «ganz offiziell die Aufgabe übernimmt», immer wieder und besonders vor wichtigen Situationen Ihren Mundgeruch zu prüfen. Verzieht er/sie dabei öfter mal das Gesicht, so sollten Sie herausfinden, woher Ihr Mundgeruch kommt. Davon ausgehend, dass Sie nur wenig rauchen und täglich mehrmals die Zähne putzen, bleibt dann nur noch die Konsequenz, einen Arzt mit der Suche nach der Ursache zu konsultieren. Kleiner Tipp: Besorgen Sie sich in der Apotheke Chlorophylltabletten. Diese haben ohne Nebenwirkungen die Eigenschaft, in der Speiseröhre entstehenden Mundgeruch kurzfristig zu neutralisieren.

Parfüm: Nicht erst seit dem berühmten Buch von Patrick Süßkind ist bekannt, dass Gerüche Emotionen auslösen. Diese jedoch können manchmal genau das Gegenteil von dem bewirken, was die Urheber bezwecken! Kennen Sie diese grauenvollen Rasierwasserwolken in Treppenhäusern oder Aufzügen? Einige von uns Männern müssen in dem Zeug baden, habe ich den Eindruck.

Allerdings gibt es auch in der Damenwelt Spezialistinnen, welche man noch Minuten nach deren Vorbeigehen problemlos wiederfindet, auch ohne eine Dackelnase zu besitzen. Sie schleppen eine Duftwolke hinter sich her, welche Sie eigentlich auch vor Stechmücken schützen müsste.

Dies ist aber ein Buch, dessen Tipps Ihnen zu mehr positivem (!) Aufmerksamkeitswert verhelfen und Sie vor dem Gegenteil beschützen sollen. Deshalb folgende dringende Bitte: Achten Sie unbedingt darauf, dass Ihr Parfüm erst ab einer Distanz von näher als einem Meter wahrzunehmen ist! Das erreichen Sie mit Eau de Toilette besser als mit schwierig zu dosierendem Parfüm.

Wenn Sie zu viel des Guten an sich tragen, so werden Ihnen Männer, die längere Zeit neben Ihnen sitzen müssen, aus dem Weg gehen! Schlicht, weil stundenlanges Sitzen in einer fremden Duftwolke unangenehm ist. Zusätzlich gibt es einen nicht unerheblichen Grund: Duft wird von Stoffen absorbiert. Kommen wir Männer nach einem Arbeitstag mit langen Besprechungen und anschließendem kleinen Umtrunk etwas später nach Haus und riechen dabei deutlich nach einem Parfüm, das nicht von unseren Partnerinnen getragen wird – so haben wir ein echtes Erklärungsproblem. Selbst in gut gehenden Beziehungen wird in diesen Momenten jede Erklärung von uns als fadenscheinige Ausrede angesehen.

Selten gezielt eingesetzt: Accessoires!

Wenn Sie Duftmarken mit bleibendem positivem Eindruck hinterlassen möchten, so reicht es nicht, sich optisch richtig auf Vordermann zu bringen (Frage: Gehören Sie auch zu den profilneurotischen Damen, die hier unbedingt «Vorder*frau*» lesen möchten?).

Wie Sie selbst auch, so achten Menschen sehr wohl auf das Zubehör, das andere mit sich herumschleppen. Auf all die Handtaschen, die Notizblöcke, Kugelschreiber, Feuerzeuge und mehr. Deshalb ist es äußerst wichtig, auch darauf Augenmerk zu legen ...

Handtaschen: Diese Accessoires sind aus dem Alltagsleben der Damen nicht wegzudenken und meist im Blickfeld. Weil sie oft takt- und rücksichtslos auf den Bistrotisch oder den Schoß geknallt werden, um dann die wilde Suche nach einem Kuli zu erleiden. Ich kenne keinen Mann, der je verstehen wird, warum man in solchen Taschen nicht zumindest einen Ansatz von Systematik einführen kann, um wildes Durchwühlen zu vermeiden.

Wenn Sie also hier Eindruck machen möchten, so sorgen Sie dafür, Kugelschreiber, Visitenkarten, Notizblöcke und Ähnliches auf den ersten Griff zu finden.

Achten Sie bitte darauf, dass die Tasche zu Ihrem restlichen Outfit passt! Farblich wie auch in Stil und Größe. Vermeiden Sie hier ebenso und vor allem im Berufsleben, irgendwelche kurzfristigen Modekurven mitzugehen. Die meisten Männer finden dies ziemlich dämlich, was sich wiederum rasch auf Ihr Image auswirkt! Wenn Sie als souveräne Vierzigerin mit einem verspielten Täschchen auftauchen, das gerade en vogue (für Teenies!) ist, so machen Sie sich schlicht lächerlich. Es gibt zahlreiche zeitlos-schöne Damenhandtaschen, welche elegant und «teuer» wirken, ohne viel zu kosten. Mit diesen wirken Sie schick und zeitgemäß. Achten Sie einfach einmal in Presse, TV und der Öffentlichkeit, welche Taschen Topmanagerinnen tragen, dann werden Sie meine Empfehlung bestätigt sehen. Beinahe alle von den dort getragenen teuren Dingen lassen sich preiswerter, ohne Markenzwang und trotzdem ähnlich aussehend erstehen.

Schreibgerät: Ob Bleistift, Kugelschreiber oder Füllfederhalter; das Gerät in Ihrer Hand kann gezielt eingesetzt werden, um Eindruck zu machen! Einerlei, ob im Café, im Urlaubshotel oder im Beruf; Sie werden erstaunt sein, welchen Aufmerksamkeitswert Sie plötzlich haben, sobald Sie – anstatt nach irgendeinem Billigkuli mit Werbeaufdruck zu greifen – einen gepflegten Füllfederhalter aus der Tasche holen, ihn aufschrauben, die Kappe hinten aufstecken und anfangen, Ihre Notizen zu verfassen. Wie bei Handtaschen, so müssen Sie auch bei Schreibgeräten nicht unbedingt viel Geld ausgeben, um Requisiten zu erhalten, die elegant und teuer aussehen. Suchen Sie einfach nicht nach «bekannten In-Marken», sondern entscheiden Sie nach strategischem Einsatz dieser Requisiten – also nur nach deren optischer Wirkung.

Terminplaner/Papier: Vor einigen Jahren waren die vorgefertigten Terminplaner im Lederetui das Statussymbol für Manager schlechthin. Inzwischen wurden sie von elektronischen «Handhelds» abgelöst. Kleincomputer mit Tasten für Liliputaner. Viele «Unglaublichwichtige» starren alle zwei Minuten auf die Minidisplays in der Hoffnung, etwas Sinnvolles zugemailt zu bekommen. Diese kleinen Computer sind sehr praktisch. Sie haben aber einen entscheidenden Nachteil: Versuchen Sie einmal, darin eine Fahrkarte oder die Visitenkarte eines Kunden unterzubringen. Versuchen Sie einmal, daraus ein Blatt mit kurzen Notizen zu entnehmen, das Sie einem Gesprächspartner übergeben wollen. Sie merken schon – alles hat zwei Seiten.

Für Sie als Duftmarken setzende Dame bieten sich vor allem im Beruf die eleganten, ledergebundenen Planer als Mappe geradezu an. In ihnen bringen Sie alles beruflich Wichtige unter. Geschäftskarten, Füllfederhalter, Fahrkarten, Einkaufszettel und – auch die kleinen elektronischen Termin- und Posthilfen. Allerdings habe ich auch hier eine Bitte: Stopfen Sie diese Mappen nicht so übermäßig voll, dass Sie beim Öffnen sämtlichen Inhalt auf Tisch oder Fußboden verteilen.

Feuerzeuge/Brillentücher: Zu den Duftmarken setzenden Überraschungen im Zwiegespräch gehören diese zwei Dinge, die man selten gezielt einsetzt. Wenn Sie einem Gesprächspartner mit Hilfe eines wertvoll aussehenden (nur aussehenden!) Feuerzeugs die Flamme vor den Glimmstängel halten. Und bei der Handbewegung, mit der Sie einen Brillenträger auf der Suche nach einem Reinigungstuch überraschen, indem Sie ihm ein gebügeltes (!), gefaltetes Taschentuch hinhalten. Mit der lächelnden Anmerkung: «Keine Sorge – ist frisch gebügelt!» Beide Male haben Sie so einen kleinen emotionalen Vorsprung. Übrigens: Der Trick mit dem Feuerzeug funktioniert noch eindrucksvoller, wenn Sie kurz vor dem Feuergeben die angebotene Zigarette mit den Worten «Danke – ich rauche nicht» souverän lächelnd ablehnen.

Fazit:

Sie sehen also: Gerade wenn es um das Thema «optisches Erscheinungsbild» geht, haben Damen gegenüber uns

Männern unschätzbare Vorteile. Sie können wesentlich mehr variieren. Sich bewusst zurücknehmen oder unbewusst wirkende Waffen ins Spiel bringen.

Der Umgang mit diesen Waffen muss allerdings erlernt und trainiert werden. Erst die Dosis entscheidet über die Wirkung! Die schlechtesten Berater in diesen Dingen sind übrigens Ihre besten Freundinnen – und Ihr Partner! Beide sind meistens viel zu sehr voreingenommen. Für die einen wegen latenter Konkurrenz, für die anderen wegen der Tatsache, dass sich dann vielleicht noch mehr Löwen für das eigene Rudel interessieren könnten. Freut sich Ihr Partner, mit Ihnen als sehr attraktiv gestylte Dame auszugehen, so ist er sehr selbstbewusst und stolz auf Sie. Hat er was dagegen, so fürchtet er um seine Führungsposition als Löwenkönig …

Aber – ist es nicht *Ihr* Leben? Wollen Sie nicht raus aus der Grauzone der Menge? Also beweisen Sie Mut! Gehen Sie konstruktiv an diese Aufgabe heran! Der kleine Trainingsplan am Ende dieses Buches wird Ihnen dabei helfen.

Kapitel 16

Graue Maus oder offensive Farbe?

Inzwischen ist klar: Nur wer auffällt, dem schenkt man Aufmerksamkeit! Bei uns Männern geschieht dies meist durch das demonstrative Aufzeigen von irgendwelchen Statussymbolen und durch rhetorische Spielereien. Weniger durch Optik! Dies hat einen Grund: In den meisten Berufen sind wir durch unsinnige Konventionen an irgendwelche «Man trägts» gebunden. Halten wir uns nicht daran, so werden wir rasch ausgegrenzt. Je nach Bundesland, gesellschaftlichem Umfeld oder beruflicher Umgebung sind diese Vorgaben unterschiedlich. Was im Milieu der bodenständigen Handwerker maßgebend ist, wird im Kreis der Menschen, die sich etwas auf ihre akademische Ausbildung einbilden, wahrscheinlich belächelt werden – und umgekehrt. So sind viele von uns Männern an «klassische Anzüge in freudig strahlendem Grau oder Dunkelblau» gebunden. Der Mensch, der die Krawatte erfunden hat, gehört daran aufgehängt! Es hat mich zwanzig Jahre gekostet, um meine Duftmarken so wirken zu lassen, dass ich heute auch vor Bankvorständen auf diese seltsame Dekoration verzichten kann – ohne auf Ablehnung zu stoßen.

Nicht umgehen konnte ich den Hang zu «seriöser, dunkler Farbgebung». Helle Anzüge und farbige Jacken bei Männern gelten in vielen Branchen als «unseriös». Deshalb tragen oft all diejenigen diese dunklen Anzugsfarben, die ansonsten Probleme haben, Seriosität zu beweisen. Oder warum tragen fast alle großen Wirtschaftsverbrecher genau dieses Outfit? Wer imitiert hier wen? Besonders in oberen Managementkreisen und in Banken gilt es zwingend, «seriös zu erscheinen». Als ob Kleidung etwas damit zu tun hätte, als ob helle Jacken oder Blazer und Hemden ohne Krawatte weniger positive Ausstrahlung hätten.

Sie als Dame haben hier unschätzbare Vorteile gegenüber uns. Seltsamerweise nützen viele von Ihnen diese Chancen viel zu wenig! Wie oft sehe ich Frauen mit dunklen Haaren, gekleidet Schwarz in Schwarz. Manchmal bin ich geneigt, spontan mein Beileid für den offensichtlichen Todesfall in der Familie auszudrücken …

Mut zu Farbe – auch im Job!

Nur wenn Sie auffallen, werden Sie beachtet! Nur wenn Sie beachtet werden, schenkt man Ihnen auch akustisch Aufmerksamkeit. Nur wenn man Ihnen zuhört, erfährt man, dass Sie kompetent sind! Nur wenn man erkennt, dass Sie kompetent sind, wird man Sie bei interessanten beruflichen Chancen berücksichtigen …

Der Denkansatz «Ich bin klug und kompetent, und es ist gefälligst Sache meiner (männlichen) Umgebung, dies zu wissen oder herauszufinden» funktioniert einfach nicht, weil wir Menschen eben ganz anders gestrickt sind!

Farben sind in der Tierwelt und in der Menschenwelt eines der ersten Signale, die unbewusst wirken, sobald man gesehen wird! Die meisten Männer geben offen zu, dass sie von Farben und deren Wirkung wenig verstehen. Dies trifft auch auf sehr viele Damen zu. Nur – die geben es nicht zu!

Sehr wenige Frauen wissen wirklich, mit welchen Farbtönen sie dynamisch-freundlich wirken. «Ich weiß, was mir steht» höre ich genauso oft wie «Mir steht kein Blau». Dies ist Unsinn! Denn es gibt mehrere Tausend Blau- und Millionen von anderen Farbtönen! Einige davon passen mit Sicherheit. Wir sprechen also nicht von Farben, sondern von Farbtönen! Mit Farben und deren Nuancen lösen Sie Emotionen bei Ihrem Betrachter aus und setzen entscheidende Duftmarken!

Achten Sie bitte darauf, dass Sie in der privaten und beruflichen Öffentlichkeit nur Farbtöne einsetzen, die zu *Ihnen* passen. Dieses «Passen» hat weniger mit Geschmack denn mit den Grundtönen Ihrer Haut zu tun. Aus diesem Grund helfen diverse Artikel und Ratgeber in Journalen sehr wenig. Eine einmalige professionelle Schulung durch einen Profi ist hier ein Muss! Lassen Sie sich so eine Beratung zum Geburtstag schenken! Achten Sie bei dieser Beratung darauf, dass sich Ihr Spezialist in Ihrem ureigensten beruflichen Umfeld so weit auskennt, dass er die typische Kleidung (die «Dresscodes») und ihre Varianten in deren Wirkung einschätzen kann. Plaudern Sie ein paar Minuten mit ihm/ihr und finden Sie heraus, ob das Gefühl vorhanden ist, was man in Ihrem Beruf tragen kann. Redet er/sie Unsinn, so stehen Sie auf und gehen wieder! Das Feld der «Imageberater/innen» ist riesig und ein beliebtes Betätigungsfeld für ansonsten gescheiterte Existenzen. Viele davon sind so gestylt, dass Sie schon beim Betreten der Beratungsräume spüren, dass Sie am falschen Ort sind. Nur die wenigsten Berater/innen haben solides Wissen um kommunikative Wirkungen von Farben.

Haben Sie jedoch «Ihren» Profi gefunden, so vertrauen

Sie ihm/ihr erst einmal blind! Ob die Beratung richtig ist, können Sie erst herausfinden, wenn Sie die Tipps und Tricks in der Praxis einige Zeit lang getestet haben.

Setzen Sie Farben gezielt ein!

Je nach Kulturkreis haben Farben unterschiedliche emotionale Wirkung auf ihre Betrachter. Was in Afrika dynamisch wirkt, strömt hier eher Langsamkeit aus. Was in manchen Regionen in Fernost als zu grell gilt, wird hierzulande eher als langweilig empfunden. Überall gilt allerdings derselbe Grundsatz: Starke Farben lösen mehr und deutlichere Emotionen aus als «schwache». Darunter verstehen wir hier zum Beispiel blasse Pastellfarben oder weiche Grautöne. Wir drücken unser Farbempfinden auch gerne mit Worten aus. Wir sprechen oft von «warmen» und von «kalten», von jugendlichen, fröhlichen, tristen und von Frühlingsfarben. Dies allein zeigt schon, dass wir auf diese Impulse emotional reagieren.

Hier in der «westlichen Welt» werden helle, starke Farben meist mit Faktoren wie Fröhlichkeit, Jugendlichkeit, Tempo, Innovationskraft und Gesundheit verbunden.

Dunkle, starke Farben assoziieren wir eher mit Faktoren wie Stabilität, Konservativismus, Schwere, Solidität, aber auch mit mangelnder Flexibilität.

Die Frage ist also, was wollen Sie mit Ihrem Auftritt erreichen? Unterschätzen Sie bitte nicht die sehr wirkungsvollen Duftmarken, die Sie durch ein farbiges Erscheinen in einer ansonsten doch meist ziemlich trist auftretenden Umwelt setzen!

Und schon sind wir bei den so wichtigen Spielregeln mit Farben:

Möchten Sie auffallen und sich gegenüber den Einheitsnasen in Ihrer Umwelt als dynamisch und stark präsentieren, so tragen Sie starke, helle Farben. Wenn möglich nur am Oberkörper! Denn dorthin und höher sollen die Blicke wandern!

Möchten Sie auffallen, aber eher einen sehr «soliden, überlegten, stabilen» Eindruck machen, so tragen Sie starke, dunkle Farben.

Haben Sie keine Lust, in der Firma jedes Mal in irgendeiner Besprechung als Erste in Ihrem Team von der «Gegenseite» angegriffen zu werden, so tragen Sie bewusst «schwache», relativ dunkle Farben …

Gehören Sie zu den Damen, die meinen, breite Hüften oder zu viel Bauch zu haben? Dann achten Sie einfach darauf, dass Sie ab dem Gürtel abwärts relativ «defensive schwache» Farben tragen.

Als «elegant» werden in unserer Welt fast immer große dunkle Flächen, unterbrochen von kleineren hellen Flächen empfunden. Beispiele: Das «kleine Schwarze» zusammen mit der Perlenkette. Das dunkle Etuikleid mit dem hellfarbigen Schal. Das dunkle Kostüm mit der dynamisch-farbigen Bluse und vieles mehr. Und – wenig weiterer Schmuck …

Und bitte – tun Sie mir als Mann einen Gefallen: Vergessen Sie Schwarz in Schwarz! Diese Farbe schafft nachweislich emotionale Distanz und erschwert freundliche Kommunikation! Wir alle tragen Schwarz bei Begräbnissen. Die Damen tragen «das kleine Schwarze» bei Gedenkfeiern und im klassischen Konzert. Überall da wollen wir unsere Ruhe haben oder distanziert auftreten.

Es ist mir ein absolutes Rätsel, warum diverse Starfriseure oder Werbe- und Kommunikationskreative in dem Wissen um diese Kommunikationsbremse selbst so düster herumlaufen.

Achten Sie auf die wirklich «Großen» in Wirtschaft und Unterhaltung. Meist beherrschen diese den Umgang mit Farben (oder sie haben zumindest gute Berater). Farbe einzusetzen kostet übrigens weit weniger Geld, als man glauben mag. Man muss nur etwas mehr – und vielleicht an anderen Orten – nach den geeigneten Kleidungsstücken und dem Zubehör suchen. Aber so etwas macht Ihnen sicher Spaß – oder?

Kapitel 17

Zwei wunderbare Waffen!

Höflichkeit und Freundlichkeit! Nun werden Sie vielleicht sagen, das ist nicht wirklich etwas Neues. Aber auch hier ist es wie bei so manchen anderen Aspekten in diesem Buch: Wissen tun wirs – gezielt anwenden eher selten.

Tatsache ist, dass Freundlichkeit eine der wunderbarsten Strategien ist, um seine Mitmenschen in die richtige Richtung zu «manipulieren». Aber nicht nur das! Dieses eigene Verhalten lässt sich in mehrfacher Weise gezielt einsetzen, um …

- in Gesprächen von der ersten Sekunde an eine förderliche Atmosphäre entstehen zu lassen. Ich erinnere mich an die Worte eines der wenigen Promi-Paparazzi, die keine Probleme mit ihren Zielobjekten haben: «Ich bin grundsätzlich freundlich, frage grundsätzlich, ob ich fotografieren darf, und lächle. So bekomme ich immer ein freundliches Lächeln und das Vertrauen, dass ich fair fotografiere, von meinen Motiven zurück.» Dem ist nichts hinzuzufügen.
- durch dauerhaften Einsatz entsprechende Duftmarken für Ihre Person zu setzen (man freut sich, Sie zu sehen, und spricht einfach gerne mit Ihnen)
- herauszufinden, welche aktuelle Stimmungslage bei Ihren Gesprächspartnern vorherrscht. Ist die Reaktion

auf Ihr Verhalten eher muffig oder stur, so können Sie sich von der ersten Sekunde an gut einstellen.

Sie werden rasch feststellen, dass das gute alte Sprichwort «Wie man in den Wald hineinruft, so schallt es heraus» unverändert Gültigkeit hat. Nun kann ich mir gut vorstellen, dass Sie mich fragen: «Heißt das, dass ich permanent und bei jedem Blödsinn meiner Kollegen dämlich vor mich hingrinsen muss?» Ähnliche Fragen höre ich öfter. So allerdings ist das nicht gemeint. Nichts spricht dagegen, dass Sie auch einmal heftiger auf Ihre Umwelt reagieren. «Pausenlosgrinser» und «Allzeitlustige» machen rasch misstrauisch, gehen auf die Nerven und wirken unglaubwürdig.

Ich würde mir wünschen, dass Sie sich eine Grundfreundlichkeit aneignen, welche aus der Masse der Muffköpfe in dieser Welt positiv herauswirkt. Eine Fähigkeit, die Sie dann mit ein wenig Routine in ihrer Wirkung und Intensität spontan steigern oder zurücknehmen können. Dabei sollten Sie jedoch nie den Grad zu unfreundlichem Verhalten hin überschreiten.

Höflichkeit wirkt ähnlich erfolgreich wie Freundlichkeit – hat jedoch einen zusätzlichen Vorteil. Während der Einfluss Ihrer Freundlichkeit bei aggressiv gestimmten Menschen manchmal sogar deren Aggression verstärken kann, macht gepflegte Höflichkeit richtiggehend wehrlos! Egal wie aggressiv sich Ihr Gegenüber verhält – wenn Sie ruhige Höflichkeit in Ihren Formulierungen und Ihrem Verhalten eisern durchhalten, werden Sie jeden Disput gewinnen!

Zusätzlich begeben Sie sich damit in eine Vorbildrolle, die sich automatisch auf Ihr Gegenüber auswirkt! Dies besonders dann, wenn sich andere Menschen bewusst oder unbewusst an Ihrem Verhalten orientieren. Ihre Kinder zum Beispiel! Gehen Sie bewusst höflich mit Ihnen um, so wird es nicht lange dauern und Sie werden deutliche Veränderungen in deren Verhalten bemerken. Zuerst wird dies eher leichte Verwunderung sein, was denn um Gottes willen plötzlich in Mutter gefahren ist. Aber schon bald danach werden Ihre Kids anfangen, ihr Verhalten zum Positiven hin zu ändern. Erst nur ein wenig, dann immer rascher. Wichtig dabei ist, dass *Sie* Ihr höfliches Verhalten auch dann durchhalten, wenn die lieben Kleinen hie und da doch noch einmal in alte Gewohnheiten zurückfallen.

Auch an Ihrem Arbeitsplatz funktioniert das! Einerlei, ob Sie Menschen führen oder in einem Team arbeiten. Je höflicher und freundlicher Sie kommunizieren, desto harmonischer wird der Umgangston in Ihrem Arbeitsbereich werden. Selbst Menschen mit offensichtlich unangenehmen Eigenschaften werden sich in relativ kurzer Zeit merkbar zum Positiven verändern, wenn Sie selbst nur konsequent Ihre Linie beibehalten.

Der Coach Nikolaus B. Enkelmann vertritt eine Empfehlung, die ich aus Erfahrung nur bestätigen kann. Er sagt: «Wenn du einen Menschen so behandelst, wie er ist – so machst du ihn schlechter. Wenn du einen Menschen dagegen so behandelst, wie er sein könnte (!), so machst du ihn besser!»

- Recht hat er!
- Bleiben Sie höflich – auch wenn andere unhöflich sind
- Bleiben Sie freundlich – auch wenn andere unfreundlich sind.
- Argumentieren Sie ruhig – auch wenn andere hektisch herumbrüllen.
- Kommen Sie pünktlich – auch wenn andere unpünktlich sind.

- Halten Sie Ordnung – auch wenn andere unordentlich sind.
- Arbeiten Sie sorgfältig – auch wenn andere nachlässig arbeiten.
- Kleiden Sie sich überlegt gut – auch wenn andere wie alte Kartoffelsäcke herumlaufen.

Halten Sie also bitte auf jeden Fall eine für Ihr Empfinden angenehme und praktikable Grundfreundlichkeit und eine sorgfältige Grundhöflichkeit durch! Selbst dann, wenn es manchmal schwer fällt. Nachfolgend ein paar Kleinigkeiten, welche Ihre Höflichkeitsduftmarken in der beruflichen wie privaten Öffentlichkeit merklich unterstützen werden:

Warten Sie im Beisein von Männern vor dem Passieren von Türen grundsätzlich darauf, dass man Ihnen die Tür aufmacht! Vergessen Sie hier die unsinnigen Demonstrationen weiblicher Emanzipation à la «Kann ich selber»!

Bedanken Sie sich deutlich, kurz, aber laut und mit Augenkontakt bei Männern, welche Ihnen den Stuhl zurechtrücken oder in den Mantel helfen.

Ergreifen Sie grüßende Hände Ihrerseits mit durchaus festem Griff. Schlaffe Gummihändchen fühlen sich für einen Mann an wie die einer Wasserleiche. Sollte jedoch Ihr Gegenüber als profilneurotischer Löwenkönig meinen, seinen eigenen Händedruck zum Schraubstock zu wandeln, so blicken Sie ihm freundlich in die Augen und sagen sehr bestimmt: «Sie tun meiner Hand weh!»

Meint einer dieser Möchtegernmachos, in Ihrem Beisein irgendeinen wirklich tief unter die Gürtellinie gehenden Witz machen zu müssen, so sehen Sie ihm freundlich und milde in die Augen und sagen: «Sie verletzen mich!» Eine merkbar deutlichere und schmerzhaftere Ermahnung ist die Frage: «Warum verletzen Sie mich?» Vor allem dann, wenn noch andere Löwenkönige dabeistehen.

Eine verbal sehr eloquente (variantenreich agierende) Klientin von mir pflegt in solchen Momenten, verbunden mit einem sehr freundlichen Gesicht und sanft klingender Stimme, den Satz zu sagen: «Es scheint also doch etwas daran zu sein, dass Witze dieser Art nur von ganz bestimmten Menschen gemacht werden.» Beachten Sie, dass sie hier von «Menschen» und nicht von «Männern» spricht. Dies macht eine Gegenwehr schwieriger, weil der Betroffene nicht direkt angesprochen wird.

Lernen Sie die Spielregeln des «Wer grüßt wen zuerst» auswendig und pflegen Sie diese konsequent.

Warten Sie mit dem Start des Essens demonstrativ, bis alle Anwesenden ihren Teller vor sich haben. Dies bewusst und vor allem dann, wenn andere diese Sitte missachten. Bleiben Sie dabei locker freundlich und lächeln Sie nachsichtig.

Lehnen Sie Alkohol, den Sie nicht konsumieren möchten, höflich, aber bestimmt ab. Gleiches gilt für Zigaretten. Erinnern Sie sich dabei bitte an die Duftmarke, dem Zigarettenanbieter selbst mittels eines teuer aussehenden Feuerzeugs eine Flamme unter die Nase zu halten.

Trinken Sie immer deutlich weniger Alkohol als die Menschen in Ihrer Umgebung! Nur so können Sie Ihre Duftmarken kontrolliert durchhalten! Falls Sie volle Gläser in die Hand gedrückt bekommen – nippen Sie daran und beglücken Sie damit anschließend die Gummibäume im Raum …

Sehen Sie Menschen, mit denen Sie sprechen, immer freundlich in die Augen. Selbst dann, wenn Ihre Antwort knallhart und ablehnend formuliert ist. Wenn Sie von den Augen Ihres Gegenübers irritiert werden, so blicken Sie auf die Nasenwurzel zwischen seinen/ihren Augen. Bei mehr als einem Meter Abstand ist das nicht zu bemerken.

Wenn Sie mit Menschen sprechen, so sollten Sie Ihren Gesprächspartnern volle Aufmerksamkeit schenken. Vermeiden Sie unbedingt, den unter vielen «Scheinbarwichtigen» oft anzutreffenden Flackerblick, bei dem die Augen dauernd hektisch zwischen dem Gesprächspartner und dem Geschehen im Raum hin und her flackern. Geht Ihnen ein Gesprächspartner auf die Nerven oder stiehlt er Ihnen wichtige Zeit, so brauchen Sie nur in die Frageposition zu gehen! Schon steuern Sie das Gespräch, und es ist ein Leichtes, einen Notausgang zu formulieren. Mehr zu dieser ominösen «Frageposition» im nächsten Kapitel.

Kapitel 18

Wo warst du? Mit wem? Wie lange?!

Genau diese Art zu Maschinengewehrfragen löst bei den meisten Menschen Abwehr, Fluchtinstinkt und Polemik aus! Nicht nur bei Männern, durchaus auch bei Frauen. Selbst, wenn dort die Fragen meist etwas anders lauten. Derartige Verhöre lassen dem Gegenüber einfach keine Chance, Dinge zu erläutern oder konstruktiv zu antworten. Die Kunst, selbst richtig zu fragen, ist jedoch eine der wichtigsten Fertigkeiten, die Sie sich gezielt aneignen sollten!

Wer fragt, führt ein Gespräch!

Diese Binsenweisheit kennt jeder, der sich mit Gesprächstaktiken auch nur einigermaßen auskennt. Wer fragt, erhält Daten! Wer antwortet, liefert sie! Professionelle Mediatoren, Moderatoren, Journalisten und Talkmaster wissen genauso wie die Damen meiner Teams, dass sie in wichtigen Gesprächen immer möglichst rasch und gelassen in die Frageposition kommen müssen. Nur so können sie Emotionen und Gesprächsrichtung unter Kontrolle bekommen. Was für Kommunikationsprofis gilt, ist auch für Mütter und Ehefrauen wichtig. Wie oft gibt es hier das auch Ihnen sicher gut bekannte, sinnlose «Imkreisdiskutieren» mit Söhnen und Töchtern, mit Partnern und den lieben Verwandten.

Starten Sie wichtige Gespräche so, wie es uns die alten Handelsvölker vorgemacht haben – und wie es uns Händler in einem orientalischen Basar heute noch demonstrieren: bewusst freundlich, ruhig und nicht gleich auf das Verkaufsziel zusteuernd. Planen auch Sie also zum Gesprächsanfang immer eine Phase ein, in der Sie die Unterhaltung einfach «laufen lassen». Erst wenn das Gespräch für Sie unangenehm zu werden droht oder Sie beschließen, dass es Zeit wird, ihm eine bestimmte Richtung zu geben, handeln Sie. Alles, was Sie nun machen müssen, ist, eine erste, einleitende Frage zu stellen. Freundlich und interessiert! Probieren Sie das ruhig aus! Es funktioniert immer!

Bitte vermeiden Sie die Unart vieler Damen, polemische Fragen zu stellen. Oder Fragen, die im Grunde nur dazu dienen, den anderen «hilflos an die Wand zu nageln». Damit meine ich zum Beispiel Fragen, bei denen man als Mann – einerlei wie man antwortet – mit Sicherheit immer etwas Falsches sagt. Vor einigen Monaten sah man oft einen TV-Werbespot, in dem eine junge Frau ihren Partner fragt, ob er sie nicht doch etwas zu mollig finden würde. Obwohl sie mehrfach nachhakt, besteht er auf einem liebevollen «Nein». Als sie jedoch nicht aufgibt, bemerkt er genervt: «Na gut, aber nur ein bisschen!» Woraufhin sie zurückfaucht: «Du bist gemein!»

Gut erfunden? Nein! Jeder Mann kennt solche Fragespielchen aus leidiger eigener Erfahrung. Im Job machen Sie sich damit Feinde! Im Privatleben werden Ihnen meine Geschlechtskollegen dann wortkarg ausweichen. Aber auch das hilft nicht immer. Ein Freund von mir merkte einmal resignierend an: «Es gibt Fragen von Frauen – wenn man die als Mann beantwortet, kriegt man prinzipiell eine in die Fresse! Selbst dann, wenn man nicht antwortet!»

Fragen Sie also bitte fair und nicht nur, weil Sie Ihre (!)

Antwort erwarten! Wichtig dabei ist, dass Sie aufmerksam und an der Sache interessiert fragen und nicht, weil sich das halt so in dieser Situation gehört oder weil der Fred Maro das empfiehlt. Sie sollten sich – ja Sie müssen sich sogar für das, was Ihr Gegenüber sagt, interessieren! Zumindest so lange, wie Sie diese Daten brauchen, um dem Gespräch Ihre Richtung zu geben.

Eine routiniert gehaltene Frageposition ist nicht nur wichtig, wenn Sie ein Gespräch steuern möchten. Sie können zum Beispiel auch Ihre ureigensten Vorschläge in Frageposition stellen! Dies verhindert meist ein direktes «Nein» und zwingt den oder die Gefragten, über Ihre Frage nachzudenken und selbst nach Lösungen zu suchen.

Sagen Sie zum Beispiel: «Ich schlage vor, wir machen das auf … Art», so wird sich Ihr Gesprächspartner verhalten wie ein Schiedsrichter beim Eiskunstlauf. Zieht seine Tafeln aus dem Bauchladen: 3,9 – das Urteil steht.

Würden Sie ihn fragen: «Was hältst du davon, wenn wir das auf … Art machen?», so ist es nicht damit getan, einfach abzulehnen. Ihr Gesprächspartner muss nachdenken und eine ausführlichere Antwort formulieren.

Hier einige Beispiele, wie Sie Ihre Vorschläge in Fragen einpacken können:

- Was halten Sie davon, wenn …?
- Könnte man nicht auch …?
- Wäre es nicht möglich, dass …?
- Wenn man (dies und das) machen würde, so könnte man doch …, oder?
- Was muss ich tun, damit …?
- Was würdest du an meiner Stelle tun, um …?

Erinnern Sie sich noch an das, was ich Ihnen im Kapitel «Hab ich nicht nötig» geraten habe? Jetzt ist klar, warum!

Kapitel 19

Ich denk, ich glaub, ich find, ich sag mal ...

Nun kommen wir in unserem Bemühen, uns in unserer Umgebung besser ins Licht zu setzen, zu einem sehr schwierigen Kapitel. Weil nun etwas auf Sie zukommt, das weniger Spaß macht, als shoppen zu gehen und Männer zu beobachten. Es ist allerdings mindestens ebenso wichtig, wenn nicht unverzichtbar!

Wir sprechen von der Art und Weise, wie Sie sprechen, wie gut Sie sich ausdrücken können und wie gut Sie «mitreden» können. Ähnlich wie bei Ihrem optischen Auftreten, so sollten Sie auch hier «immer eine Kleinigkeit gepflegter und besser gestylt» dastehen als Ihre Umgebung! Wie aber überprüfen Sie Ihre diesbezüglichen Fähigkeiten? Und wie können Sie diese optimieren? Sehen wir uns einmal an, in welchem Umfeld wir uns da bewegen:

Man muss kein Wissenschaftler sein, um erschreckt zu erkennen, dass Menschen, die verständliches, klassisches Deutsch sprechen, immer seltener anzutreffen sind. Dabei spreche ich nicht von Immigranten oder Menschen, die in Deutschland zu Gast sind, sondern von «uns deutschen Muttersprachlern». (Dazu zähle ich mich als Österreicher durchaus. Obwohl viele sagen, dass der einzige Unterschied zwischen Deutschland und Österreich die gemeinsame Sprache ist ...)

Achten Sie einmal in der Öffentlichkeit auf den erschreckend reduzierten Sprachschatz vieler Menschen! Ein Phänomen, das inzwischen in vielen Nationen den um die jeweilige Kultur Besorgten schlaflose Nächte bereitet. Seit einigen Jahren segle ich ab und zu im Rahmen eines sozialen Projektes mit größeren Gruppen von Kindern im Alter zwischen 10 und 15 Jahren. Diese Kids haben eine eigene Sprache entwickelt, welche Formulierungen verbiegt und Begriffe völlig sinnfremd verwendet. Die Kids gehen «mal eben abchillen», finden ein Skateboard «mördergeil», das Verhalten, dem Lehrer vor die Füße zu spucken, «ultracool» und ihre Eltern als «krass». Als ich meine Kids an Bord dann fragte, was «chill, cool und krass» ursächlich bedeuten, wussten sie keine Antwort.

Dieses Verwenden von irgendwelchen eingedeutschten englischen Begriffen und der reduzierte Sprachschatz ist jedoch kein Phänomen, das nur Kinder und Jugendliche betrifft. Auch unter Erwachsenen treffe ich immer öfter scheinbar gebildete Menschen, welche bei genauem Hinhören nur herumstottern, anstatt geschlossene, schlüssige Sätze zu formulieren! Erst vor kurzem war ich wieder mal zu einem Treffen von Geschäftsleuten eingeladen, bei dem als Programmpunkt «Networking» auf dem Zeitplan zu finden war. Hey – gemeint war nichts anderes, als bei einer Tasse Kaffee zu plaudern und neue Leute kennenzulernen. Aber «Networking» klingt einfach «cooler»!

Auch kenne ich ein rein deutsches (!) Unternehmen, in dem irgendeine Unternehmensberatung «Cross Function Teams» eingerichtet haben, die zusammen mit «Barrier removal Teams» den «Process Ownern» das Leben schwer machen. Sie verstehen nur Bahnhof? Kein Problem! Die Menschen in dem betreffenden Unternehmen kapieren das genauso wenig. Aber das zeigt, dass man unglaublich «globy» (globalisierend) und «future oriented» ist, wie mir einer dieser 28-jährigen «Berater» mit seiner riesigen Erfahrung klar machte …

Es macht mir dann regelmäßig großen Spaß, die Menschen an diesen Begriffen festzunageln. Meist stellt sich heraus, dass sie Begriffe einfach nachplappern, die von irgendwelchen anderen Jungdynamikern erfunden worden sind, um (jawohl, Sie erkennen das richtig!) sich als tolle Löwenkönige darstellen zu können.

Viele soziale Gruppen und viele Berufe haben ihre eigene Sprache. Jugendliche in Berlin Kreuzberg eine andere als Jugendliche in Oberbayern. Bankmanager eine andere als Manager im EDV-Geschäft. Menschen auf dem Bau eine andere als Beamte, und so weiter …

Wenn Sie die so wichtigen sprachlichen Duftmarken setzen möchten, dann müssen Sie Wert auf zwei Dinge legen: die Flexibilität Ihrer ganz persönlichen sprachlichen Ausdrucksweise und einen Blick über Ihren jetzigen Wissens-Tellerrand hinaus. Die Art und Weise, wie jemand spricht, ist nicht nur dafür entscheidend, ob er von anderen wirklich verstanden wird. Je variantenreicher Sie sich ausdrücken können, desto leichter können Sie sich auf andere einstellen und desto höher ist Ihr Aufmerksamkeitswert!

Um eventuellen Einwänden gleich vorzubeugen: Ich spreche von «gepflegter Ausdrucksweise» im Rahmen der Sprachumgebung, in der Sie sich befinden! Sie sollen also nicht hochgestochen und geziert herumpalavern. Nichts wirkt affiger als eine Sprache, die nicht zum Besitzer passt! Aber Sie müssen einfach imstande sein, ein und dasselbe auf sehr unterschiedliche Art und Weise sagen zu können.

Ob Sie sich mit Ihren Mitmenschen auf relativ einfachem oder auf gesteigertem Sprachniveau unterhalten, können Sie dann flexibel und kurzfristig entscheiden.

Schon stoßen wir aber auf ein kleines Problem: Kaum eine(r) gibt offen zu, sprachlich nicht auf der Höhe zu sein. Viele sind von ihren rhetorischen Fähigkeiten derart überzeugt, dass sie dem Infarkt nahe sind, wenn sie sich irgendwann einmal in einem Interview oder einem Präsentationstraining gefilmt auf dem Bildschirm sehen. Meist merkt man seine Defizite eben selbst als Letzte(r)!

Wie aber schaffen wir es, uns gezielter und variantenreicher auszudrücken? Entgegen den rasch möglichen Änderungen bei Optik und Auftreten dauert es etwas länger, diesen Erfolg zu erreichen. Es ist jedoch gar nicht so schwierig, wie Sie vielleicht glauben. Sie müssen nur ab sofort ein paar Dinge tun, die für Sie im Moment vielleicht etwas ungewöhnlich klingen. Diese Dinge haben im weitesten Sinne auch etwas mit Ihrem Wissenshorizont zu tun. Der Lebensweg vieler Menschen ist stark genormt und so mit Routine überzogen, dass oft das Interesse an Sachgebieten auf der Strecke bleibt, die nicht wirklich überlebenswichtig sind.

Den nach einigen Jahren verbleibenden Rest an Wissen bezeichnet man als «Allgemeinbildung». Wenn Sie als Hausfrau, Mutter, Arbeiterin und Ehefrau zehn völlig unterschiedliche Berufe gleichzeitig ausüben, so reduziert sich Ihre Aufmerksamkeit automatisch und fast unvermeidbar auf die Dinge, die Sie für diese Tätigkeiten brauchen. Genau diesen Engpass müssen Sie jedoch überwinden, wenn Sie diese sprachlichen Duftmarken setzen möchten. Das ist am Anfang etwas mühsam, fängt aber rasch an, Spaß zu machen. Und da Sie dieses Buch gekauft haben, weil Sie Ihre Fähigkeiten professionell optimieren möchten, gehe ich davon aus, dass Sie sich die nachfolgenden Empfehlungen aufmerksam zu Herzen nehmen werden.

Fangen Sie bitte an, jeden Morgen konzentriert eine Nachrichtensendung im TV oder Radio zu hören. Konzentriert! Dies geht bei der üblichen Gutenmorgentasse Kaffee ganz gut. Selbst wenn Sie als alleinerziehende Mutter die Kids schulfertig und sich selbst arbeitsstartklar machen müssen, geht dies! Zugegeben etwas schwieriger – aber es geht. Zur Not den Nachrichten im Autoradio lauschen. Abgesehen davon, dass Sie dadurch Ihr Wissen um die aktuellen Dinge in der Welt rasch auf den neuesten Stand bringen, schulen Sie sich damit unbewusst rhetorisch weiter. Ihr Gehirn registriert und speichert nämlich sehr wohl bestimmte Ausdrucksweisen und Formulierungen.

Sollten Sie einmal Zeit, Lust und Gelegenheit dazu haben, so versuchen Sie direkt nach den Nachrichten den eben gehörten Inhalt laut und in möglichst kompletten Sätzen zu erzählen. Je kompletter und flüssiger Ihnen dies gelingt, desto besser!

Lesen Sie ab sofort möglichst jeden Tag diejenigen Teile einer Tageszeitung, die Sie vielleicht am wenigsten interessieren: Berichte aus der Wirtschaft, aus Politik und – ja – auch aus dem Sport! Das mag am Anfang ziemlich nervig sein, weil Sie absolut kein Verständnis für dumme Politikerphrasen und realitätsfremde Entscheidungen haben. Oder weil vieles in den Wirtschaftsberichten am Anfang Dank Fachchinesisch unverständlich ist. Zu wissen, wie die Elfmeterregel funktioniert oder dass der Boxer XY gestern Abend Prügel bezogen hat, macht auf uns Männer richtig Eindruck! So nebenbei schlagen Sie auch hier zwei Klappen mit einer Fliege (oder so ...). Sie erweitern erst langsam, dann immer rascher Ihr Wissensgebiet und trainieren gleichzeitig Ihr Sprachvermögen. Denn wenn Sie lesen, spricht Ihr Gehirn lautlos mit! Als Ergebnis verringern sich auch (so vorhanden) von Ihnen gesprochene Dialekte, was vielen Menschen das Zuhören erleichtert.

Schauen Sie im Internet oder in einem guten Lexikon nach, wenn Sie einen bestimmten Begriff nicht verstehen! Sie werden dabei erleben, dass Sie in diesem Moment nicht nur Informationen zum gesuchten Wort aufnehmen. Fast immer nehmen Sie dabei gleich noch ein paar andere Ausdrücke mit auf.

Gewöhnen Sie sich bitte an, nicht immer einfach draufloszureden. Versuchen Sie, sich so auszudrücken, dass Sie von der ersten Sekunde an so verstanden werden, wie Sie dies wünschen! Formulieren Sie also im Geiste vor, was dann über Ihre Lippen kommen soll. Je lauter Sie dann sprechen, desto leichter wird es Ihnen fallen, sich zielgenau auszudrücken. Vergessen Sie bitte dabei nicht, immer wieder in die Frageposition zu wechseln. Dies ist zu Anfang etwas mühsam, wird aber in gesprächsentscheidenden Phasen rasch zur Routine.

Dieses kurze Nachdenken, bevor Sie einen Satz beginnen, sollte auf keinen Fall von einem dieser nervenden «Ähs» eingeleitet werden! Es gibt Sportskanonen, die sind dadurch zum Ziel von Kabarettisten geworden. Fangen Sie bitte immer mit einem überlegten Satz an. «Unterwegs» beim Sprechen schleichen sich diese Ähs immer dann ein, wenn die von Ihnen gesprochenen Sätze endlose Bandwürmer ohne Punkt und Komma sind. Ihr Gehirn verliert dann irgendwann die Übersicht und schaltet auf «Äh» … Also bitte in kurzen Sätzen sprechen!

Es kann gut sein, das Sie nach hartem Alltag einfach nicht den Nerv aufbringen, abends noch ein Buch zu lesen. Aber auch das ist ein Weg, seinen Sprachschatz zu optimieren. Warum? Anders als beim Lesen eines Modejournals oder eines Gesellschaftsblattes lesen Sie im Buch längere, im Inhalt aufeinander abgestimmte Satzblöcke.

Versuchen Sie unbedingt, leidige Füllwörter und luftleere Satzteile aus Ihrem Sprachschatz zu werfen! Achten Sie einmal darauf, wie oft Menschen bei Interviews im TV oder in Ihrer direkten Umgebung bestimmte Ausdrücke – völlig sinnlos – einflechten. Da beginnen manche jeden zweiten Satz mit «Ich find …» oder mit «Ich sag mal …». Andere wiederum füllen ihre Sätze mit massenweise «eigentlich» und «ich denk …», oder sie sprechen kaum einen Satz zu Ende. All dies sind Unarten, die Sie bitte nicht pflegen sollten! Auch wenn Sie sich nicht für Autorennen oder Fußball interessieren: Lauschen Sie einmal dem Rennfachmann Niki Lauda oder dem Fußball kommentierenden Günther Netzer. Beide sind Musterbeispiele dafür, wie man sich ohne unnötige Füllwörter oder Äh-Kaskaden treffend und auf den Punkt genau ausdrücken kann.

Zum «sauberen Sprechen» gehört auch das «saubere Zuhören». Fachleute wissen, dass mehr als die Hälfte von dem, was Menschen sagen, von den Zuhörern stark gefiltert oder falsch verstanden wird. Die Gründe dafür sind vielfältig.

Das kann Dummheit sein. Erst gestern hörte ich im Fernsehen, wie ein bekanntes «Societygirl» den Journalisten ihre «Warum-Fragen» mehrfach mit «Ja» beantwortete.

Das kann Stress sein: Unser Gehirn versucht, aus längeren Sätzen Schlagworte herauszufiltern und den Rest zu ignorieren.

Das können Ängste oder Vorbehalte sein: In diesem Fall neigen wir dazu, nur das aus Sätzen herauszuhören, was wir als Aussage fürchten oder was wir uns als «wahrscheinlichen Inhalt» vorher als Filter bereit gelegt haben.

Die Lösung für Sie? Aktives Zuhören! Das heißt: Nachfragen! Verwenden Sie immer dann, wenn es um entscheidende Phasen eines Gespräches geht, die Formulierungen «Verstehe ich dich richtig? Du möchtest …» oder «Hab ich dich richtig verstanden? Du möchtest …». Oder auch «Lass mich mal zusammenfassen (wiederholen), damit ich dich richtig verstehe …». Es kann gut sein, dass auf diese Sätze von Ihrem Gesprächspartner Korrekturen kommen, ohne die Sie in massiven Missverständnissen gelandet wären.

Leider gibt es nur eine wirksame Methode, sich selbst bei rhetorischen Fortschritten zu kontrollieren: Sie müssen sich selbst hören! Das geht ganz einfach. Biegen Sie bei Ihrem nächsten Schaufensterbummel einfach in einen der großen Supermärkte für Elektronik ab. Dort finden Sie für wenig Geld kleine, dünne Diktiergeräte. Mit diesen kleinen Hilfen haben Sie jederzeit die Gelegenheit, sich selbst (unbemerkt von anderen) aufzunehmen. Einfach eingeschaltet unauffällig auf den Tisch oder in eine leere Zigarettenschachtel legen, und es kann losgehen. Später hören Sie sich in Ruhe an, ob und wie weit sich Ihr Sprachverhalten optimiert hat. Professionell arbeitende Moderatoren und Manager, die Wert darauf legen, richtig verstanden zu werden, machen diese Überprüfung der eigenen Fähigkeiten regelmäßig!

Bitte unterschätzen Sie diese Ratschläge nicht! Je mehr Sie Ihren Sprachschatz und Ihr Allgemeinwissen optimieren, desto flexibler, variantenreicher und geschickter können Sie sich ausdrücken. Etwas, das Ihnen nicht nur im beruflichen Leben Vorteile bringen wird. Auch privat setzt dies die in diesem Buch schon so oft zitierten Duftmarken.

Abgesehen davon begeben Sie sich damit so ganz nebenbei in eine Vorbildrolle für Ihre Kinder und – schmunzeln Sie nicht – unter Umständen auch für Ihren Partner. Denn der Imitationseffekt wirkt auch hier! Menschen, mit denen Sie öfter sprechen, werden immer unbewusst versuchen, sich Ihrem Sprachverhalten anzupassen.

Ganz abgesehen davon, dass sich Ihre Kinder eher für die große weite Welt und ihre Neuigkeiten interessieren, wenn dies Mutter auch tut …

Kapitel 20

Haben wir uns verstanden?

Nun verbringen wir beide schon eine geraume Zeit miteinander. Ich hoffe nicht nur, dass das Lesen für Sie spannend war, sondern dass Sie auch den Mut gefasst haben, mir für den abschließenden Schritt zu vertrauen: das eben Geschilderte in der Praxis zu testen!

Vieles von dem Erklärten wird Ihnen nicht neu sein. Wie soll es auch? Sie sind eine erwachsene, erfahrene Frau und nicht erst seit gestern unter den Menschen. Aber vielleicht habe ich es geschafft, Ihnen neue Blickwinkel und Sichtweisen zu vermitteln. Über Dinge, von denen ich aus meiner Erfahrung als Coach und aus den Erfahrungen meiner Klientinnen weiß, dass sie unverzichtbar sind, wenn man sich positiv und erfolgreich aus der Einheitsmasse seiner Mitmenschen hervorheben möchte.

Sicher könnten Sie dies auch anders erreichen. Zum Beispiel, indem Sie sich mit irgendeiner obskuren These in eine der heftigen TV-Talkshows setzen, die jeden Nachmittag über die Bildschirme flimmern. Sie können auch per «Presseinformation» originell-seltsame Ansichten oder Erlebnisse verbreiten – schon stehen Sie in den gängigen Boulevardblättern. Oder Sie kleiden sich konstant verrückt. Oder Sie geben sich berechenbar unberechenbar als Oberzicke. Oder Sie versuchen, als leicht bekleidetes Groupie immer wieder auf irgendwelchen «Societypartys» vor den Objektiven herumzustehen. Oder, oder, oder … All dies würde Sie nur für wenige Tage aus der Menschenmenge hervorheben. Danach würden Sie mit großer Wahrscheinlichkeit noch tiefer in der Anonymität untertauchen. Etwas, das viele sehr junge Damen nicht begreifen.

Als Leserin dieses Buches gehören Sie mit hoher Wahrscheinlichkeit nicht zur letztgenannten Gruppe der Profilierungssüchtigen. Sie haben nur den verständlichen Wunsch, als kluge und kompetente Frau mehr bemerkt und berücksichtigt zu werden. Vielleicht sind (besser «waren») auch Sie der Überzeugung, dass viel Fachwissen oder exzellente Fertigkeiten genügen, um weiterzukommen. Nun – dies ist ein Fehler, der oft sehr schmerzhaft zu spät erkannt wird. Dann, wenn Kolleginnen oder Kollegen erfolgreicher sind, obwohl sie fachlich wahrscheinlich schwächer einzuordnen sind. Dann, wenn das Augenmerk Ihrer Umgebung auf Menschen fällt, die sich selbst einfach etwas raffinierter «ins rechte Licht» rücken.

Nun hätte ich ein Buch schreiben können, das Sie mit Hunderten von klugen Sprüchen à la «Heut ist dein bester Tag» oder «Die Kraft ist in dir» versorgt. Die Frage ist nur, was fangen Sie damit im Alltag an? Im Angesicht von überladenem Schreibtisch, Schlangen an Supermarktkassen, kränkelnden Kindern, nervenden Kollegen und gleichgültigen Partnern?

Nein – meine Absicht ist es, Sie mit konkreten Tipps und Tricks aufzufordern, Ihre vielleicht zu sehr praktizierte Bescheidenheit zu überdenken. Ich möchte Ihnen Mut machen, Dinge auszuprobieren, die anderen Frauen zum Erfolg verholfen haben – ohne dass die sich irgendwie dumm oder nervig in Szene setzen mussten.

Eines kann ich weder als Coach noch als Buchautor

bewegen: Sie selbst! Etwas zu lesen ist eine Sache – es «live» zu testen und vielleicht sogar auf Dauer anzunehmen eine ganz andere. Aus diesem Grund habe ich für Sie noch ein kleines «Trainingsprogramm» zusammengestellt. Eines, von dem ich aus Erfahrung weiß, dass es auch Ihnen sehr schnell zu positiven Erfolgserlebnissen verhelfen wird. Denn nur was schnell anfängt, Spaß zu machen, und was rasch von Erfolg gekrönt ist, wird weiter gepflegt und stetig verbessert. Gleich vorweg: Es wird Sie kaum Geld kosten. Es kostet nur etwas Willen, ohne Vorbehalte Neues zu testen, und die Energie, dieses Ausprobieren eine Zeit lang durchzuhalten. Denn ein einzelner Versuch kann und wird Ihnen nicht die Erkenntnis bringen: «Hey – da ist was dran! Das mach ich weiter!»

Vielen meiner geschätzten Leserinnen wird bei diesem anstehenden Training ein kleines, jedoch nicht zu unterschätzendes Hindernis im Weg stehen: der Ihnen aufgezwungene Zeitrahmen und die ganz persönliche Motivation, diesen zu durchbrechen! Das geht schon morgens los, wenn Sie Kinderwecken, Frühstückmachen und Sachenwegräumen mit der Herausforderung in Einklang bringen sollen, Augenmerk auf das gleich vorgeschlagene Trainingsprogramm zu legen.

Um diese Herausforderung kommen wir jedoch nicht herum. Ihr Partner wird Sie dabei nur sehr bedingt unterstützen. Bei ihm wird Ihr Bemühen, deutlichere Duftmarken zu setzen und stolzer durchs Leben zu schreiten, eher Misstrauen oder abschätziges Lächeln hervorrufen. Lassen Sie sich davon nicht abschrecken! Versuchen Sie bitte unbedingt, überlegt und geplant, Ihren Morgenstress so umzustellen, dass Sie sich den kleinen Freiraum schaffen, sich selbst innerlich und äußerlich stark und stolz zu machen!

Mein Trainingsprogramm für Sie ist in einen Wochenrhythmus aufgeteilt. Jede Woche versuchen wir, etwas Anderes, Neues zu testen. Manchmal etwas mit ein wenig Abstand noch ein zweites Mal. Auf keinen Fall sollten Sie alles auf einmal in Angriff nehmen. Schön Stück für Stück – Tipp für Tipp. Wenn Sie für sich beschließen, dass etwas Sinn macht, dann sollten Sie es beibehalten! Eisern und ohne nachzulassen. Sehr rasch werden Ihnen dann neue Rituale und Verhaltensweisen in Fleisch und Blut übergehen. Sie werden nach relativ kurzer Zeit (erfahrungsgemäß nach etwa zwei Monaten) imstande sein, die in diesem Buch empfohlenen Veränderungen so anzupassen, dass Sie sich richtig wohl damit fühlen.

Wer weiß – vielleicht begegnen wir uns ja eines Tages. Amüsant, sich vorzustellen, dass ich einer souverän auftretenden, gut gestylten, überlegt argumentierenden und fachkompetenten Frau gegenüberstehe und keine Ahnung habe, dass wir schon einige Buchseiten miteinander verbracht haben …

In diesem Sinne – viel Spaß beim Training!

Kapitel 21

Trainerstunden

Einige Dinge sollten Sie von jetzt an konsequent pflegen, denn sie stellen die wichtigen, unverzichtbaren Grundzutaten für die erstrebenswerten Duftmarken dar:

Hören oder sehen Sie jeden Tag ein oder mehrere Male aufmerksam Nachrichten in Radio und Fernsehen. Zur Not auch im Autoradio.

Lesen Sie ab sofort regelmäßig eine Tageszeitung – inklusive Sportteil …

Schreiben Sie (endlich wieder einmal?) per Hand und Füllfeder nette Briefe an liebe Menschen.

Sehen Sie sich im Fernsehen Sendungen zu Themen an, bei denen Sie bisher eher weitergeschaltet haben. Ob Astronomie, Kohlebergbau, Historie, Talkshow, Basketball … oder was immer sonst hier zutreffen mag.

Sofern Sie es nicht schon beherrschen – lernen Sie die wichtigsten Spielregeln in gesellschaftlichem Umgang. Die berüchtigte «Etikette».

Verbringen Sie zu Hause des Öfteren eine Stunde, in der Sie jeglichen akustischen und optischen Reiz auf ein absolutes Minimum reduzieren. Einfach alles wegschalten und die Stille auf sich wirken lassen.

Nehmen Sie ab und zu ein Blatt Papier und zeichnen Sie! Ganz für sich allein – auch dann, wenn Sie glauben, keinerlei Talent zu besitzen.

Hören Sie öfter als bisher derjenigen Musik zu, bei der Sie sonst eher abschalten. Einerlei ob Techno, Volksmusik oder Klassik. Erweitern Sie Ihren musikalischen Horizont.

Schreiben Sie Tagebuch und sperren Sie es weg …

Falls Sie seltener weggehen – raus aus dem Haus! Nur so können Sie neue Menschen kennenlernen! Aber Achtung! Sie sollten in gesellschaftliche Umgebung gehen, in der Sie sich bisher seltener bewegt haben. Gehen Sie in «Muckibuden» (Fitnesscenter), so werden Sie garantiert andere Menschen kennenlernen als in einem Museum, einem klassischen Konzert, einem Rockevent, einem Eishockeyspiel oder einem Gartenfest. Nichts ist falsch – alles ist richtig! Wählen Sie die Menschentreffen, zu denen Sie bisher eher selten gehen. Lassen Sie sich dazu ruhig auch einladen …

Unsere erste Trainingseinheit

Sie dauert drei Wochen! Wir fangen mit dem Gebiet an, auf dem Sie am raschesten positive Erlebnisse erzielen werden – Ihrem optischen Auftreten und dessen Wirkung. Vor der ersten Woche sollten Sie einige Kleinigkeiten prüfen.

Wie viele Kleidungsstücke für Ihren Oberkörper besitzen Sie, die kraftvolle Farben haben – und wie viele davon zeigen kräftige helle, fröhliche Farben? Genau die werden eine wichtige Rolle spielen – auch im Winter!

Wie viele schlicht-elegant aussehende Röcke in gedeckten Farben besitzen Sie?

Im Notfall zumindest einen Rock kaufen. Dabei sind nicht Marke oder Preis Ausschlag gebend, sondern Passform und Farbe.

Wie viele Strümpfe (Strumpfhosen) ohne irgendwelche Muster besitzen Sie? Vermeiden Sie Nylons mit Nähten oder Nahtimitationen, mit Mustern oder starken Seidenfäden.

Besitzen Sie elegant aussehende Schuhe ohne große Schnörkel und Spielereien? Falls nicht, so ist es auch hier hilfreich, zumindest ein Paar zu besitzen. Auch hier gilt: Aussehen zählt – nicht die Marke.

Können Sie sich selbst dezent und variantenreich schminken oder zumindest Augen und Lippen betonen? Falls Sie diese Fertigkeit nicht besitzen, so ist dies kein Problem. Bitten Sie diesbezüglich routinierte Freundinnen um eine kurze Einweisung und erlernen Sie die wichtigsten Handgriffe. Das reicht fürs Erste. Später können Sie sich eventuell um Unterweisung durch einen Profi kümmern.

Besitzen Sie dazu das nötige Handwerkszeug und starkrote Lippenstifte? Vorsicht! Falls Sie einkaufen gehen, so zählen auch hier nicht Marke und Preis, sondern erst einmal nur Zweck und Farbe.

Kennen Sie Lösungen, wie Sie Ihre Haare in unterschiedlichen Frisuren bändigen können? Falls Ihre Antwort «nein» lautet, so bitten Sie beim nächsten Besuch Ihren Friseur, mit Ihnen unterschiedliche Varianten durchzuspielen und (das ist wichtig!) Sie das auch selbst ausprobieren zu lassen. Falls Sie einen kaum zu verändernden Kurzhaarschnitt tragen, erübrigt sich dieses Thema natürlich.

Die Aufgabe für die erste Woche: «Toll gestylte Frau»

Bitte überlegen Sie am ersten Sonntag, wie Sie sich für die kommende Woche optimal stylen können. Gehen Sie bewusst auffallend gekleidet und sehr deutlich geschminkt aus dem Haus! Auch wenn es zu Anfang etwas mehr Zeitaufwand bedeutet. Geht leider nicht anders.

Wenn Sie bisher nie Röcke außer Haus trugen – diese Woche tun Sie es!

Wenn Sie immer ungeschminkt aus dem Haus gingen, jetzt ändern Sie das für diese ganze Woche!

Wenn Sie Ihre Haare bisher immer offen trugen – stecken Sie diese für diese Trainingswoche hoch – und umgekehrt.

Wozu das Ganze?

Ich möchte, dass Sie – top gestylt wie Sie nun sind – sehr aufmerksam auf die Reaktionen der Menschen achten, in deren Blickfeld Sie treten! Diese Auftritte sollten Sie erhobenen Hauptes, aufrecht und – wichtig! – mit höflichem Lächeln in die Realität umsetzen. Am Arbeitsplatz, im Café, beim Einkaufen und allen anderen Alltäglichkeiten außerhalb Ihrer Wohnung.

Sollten Sie gezwungen sein, beruflich Uniform zu tragen, so betonen Sie Ihre Augen und Lippen bewusst sehr stark (Vorsicht: nicht «anmalen!») und ändern Sie Ihre Frisur.

Wenn Sie nicht sowieso die letzten Jahre sorgfältig gestylt, sondern eher leger und unachtsam aufgetreten sind, so werden Sie rasch bemerken: Fast alle Menschen, die mit Ihnen tagtäglich kommunizieren, verändern ihr Verhalten! Sie werden Ihnen gegenüber höflicher, aufmerksamer und freundlicher! Selbst Kollegen, mit denen Sie sich jeden Tag herumärgern, sind plötzlich Ihnen gegenüber «anders». Türen werden Ihnen aufgehalten; man hört Ihnen mehr zu; der Ton der Löwenkönige in Ihrer Umgebung verändert sich deutlich!

Steigern Sie Ihre Wirkung durch demonstrative Höflichkeit! Behalten Sie die Erlebnisse dieser Woche bitte gut in Erinnerung.

Die Aufgabe für die zweite Woche: «Unscheinbare Frau»

Hierüber sollten Sie am ersten Sonntag nur nachdenken, wenn Sie «normalerweise» immer top gestylt unter Leute gehen. Es gilt in der zweiten Woche, so nachlässig, unauffällig, grau und optisch defensiv wie möglich aus dem Haus zu gehen!

Mein «Wie möglich» berücksichtigt, dass in manchen Berufen bestimmte Mindestanforderungen an Kleidung vorgeschrieben sind. Gehen Sie in dieser zweiten Trainingswoche bewusst nicht geschminkt und schlecht frisiert aus dem Haus! Auch wenn es Ihnen irgendwie «gegen den Strich geht».

Wozu das Ganze diese Woche?

Achten Sie – mit der Erinnerung der letzten Woche im Kopf – auf das nun wiederum veränderte Verhalten der Menschen Ihnen gegenüber. Steigern Sie den Eindruck der Nachlässigkeit durch hängende Schultern und bewusst ernst wirkendes Gesicht.

Rasch werden Sie bemerken: Dieselben Menschen, die Ihnen in der vorhergehenden Woche mit erhöhter Aufmerksamkeit begegnet sind, werden Sie nun einfach deutlich weniger zur Kenntnis nehmen. Interessant für Sie ist auch die Beobachtung Ihrer Umgebung beim Einkaufsbummel und Samstagabend, wenn Sie mit auffallend gestylten Freundinnen einen Bummel durch verschiedene Lokale machen.

Die Aufgabe für die dritte Woche: «Bestätigung einholen»

In dieser Woche kehren wir zurück zur «gestylten Frau». Wiederum ändern Sie Ihre optische Erscheinung und machen Eindruck! Diesmal sollten Sie Ihre Auftritte unter dem Gesichtspunkt «stolz und souverän auftreten» etwas variieren, indem Sie sexuelle Reize, offensives Verhalten und Höflichkeit bewusst steigern oder zurücknehmen. Ich bin sicher, dass nach diesen Erfahrungen für Sie kein Zweifel mehr daran besteht, wie Sie Ihre ganz persönlichen optischen Duftmarken setzen können.

Meiner Erfahrung nach haben Sie nach diesen «drei Testrunden» so viel erlebt, dass Sie nun daran gehen können, die Erlebnisse mit den unterschiedlichen verwendeten Werkzeugen abzugleichen und in Zukunft selbst zu entscheiden, wann Sie wie und wo welche optische Duftmarke setzen.

Merke: Nur die Konstanz der Duftmarken schafft Erinnerungswert. Einmal gestylt und sonst nachlässig funktioniert nicht ...

Unsere zweite Trainingseinheit

Sie dauert nur ein bis zwei Wochen! Hier geht es um Ihre verbalen Fähigkeiten! Ich gehe dabei davon aus, dass Sie sich aufgrund der in den ersten drei Wochen gemachten Erfahrungen für das dauerhafte Einführen von optischen Duftmarken entschieden haben.

Die Aufgabe für die vierte Woche: «Fragen, fragen, fragen ... zuhören»

Versuchen Sie, möglichst oft und unauffällig in die Frageposition zu kommen! Privat wie beruflich. Wenn Sie bemerken, dass Ihre Art zu fragen anderen auffällt, so sind Sie zu direkt und noch zu ungelenk. Überprüfen Sie dann, wie Sie fragen, und bauen Sie Ihren Fragestil oder die Direktheit Ihrer Fragen um.

Machen Sie es richtig, so können Sie diese Frageposition stundenlang in Diskussionen durchhalten und eigene Vorschläge in Fragen verpacken.

Hören Sie «aktiv» zu! Fragen Sie nach! Stellen Sie fest, wie oft Sie missverstehen und wie oft Sie selbst wohl missverstanden werden! Aktives Zuhören beschafft Ihnen zusätzliche Informationen und setzt wertvolle Duftmarken einer Frau, die aufmerksam zuhören und sich anderen konzentriert widmen kann.

Wozu das Ganze?

Ich möchte, dass Sie diese Werkzeuge so gut erlernen, dass Sie sie «jederzeit und wie eine Stehlampe eingeschaltet» einsetzen können – ohne dass Ihre Gesprächspartner es merken! So können Sie jederzeit unauffällig die Gesprächsführung übernehmen.

Die Aufgabe für die fünfte Woche: «Dame, höflich und etikettenfest»

Diese Woche spielen wir mit unseren Mitmenschen! Wir testen, wie diese auf bewusste und sehr deutlich merkbare Höflichkeit und auf exzellentes Benehmen reagieren. Ähnlich wie beim deutlichen optischen Stylen werden Sie auch hier bemerken, dass Ihre Mitmenschen deutlich «anders» mit Ihnen umgehen. Wie Sie hineinrufen, so kommt es zurück!

Beispiele:

Grüßen Sie bewusst freundlich, mit offenen Fragen und offenem Lächeln.

Strecken Sie – ungeachtet der Benimmregeln – als Erste Ihren Mitmenschen die grüßende Hand entgegen und erwidern Sie den Druck (Wie Sie mit Händedruckberserkern umgehen sollen, habe ich bereits erwähnt).

Reichen Sie den Löwenkönigen freundlich Ihren Mantel, um sich hineinhelfen zu lassen.

Bedanken Sie sich deutlich und laut, wenn Ihnen jemand die Tür aufhält oder einen Stuhl zurechtrückt.

Bedanken Sie sich deutlich und mit etwas mehr Worten als üblich für Hilfestellungen jeder Art.

Warten Sie beim Essen demonstrativ, aber freundlich, bis jeder am Tisch seine Mahlzeit vor sich stehen hat. Dies auch dann, wenn andere schon losfuttern …

Antworten Sie auf die Frage «Stört es Sie, wenn ich rauche?» freundlich, aber bestimmt: «Ich rauche nicht!», und überlassen Sie es damit Ihrem Gegenüber, die richtigen Schlüsse zu ziehen. Verhalten Sie sich ähnlich bei Getränkeangeboten.

Lassen Sie sich demonstrativ bei allen Dingen von Löwen helfen, bei denen Sie über Schulterhöhe agieren müssen. Zum Beispiel in der Firma, wenn Sie etwas aufhängen oder Papier an einem Flipchart befestigen müssen. Überhören Sie dumme Bemerkungen mit freundlichem Lächeln.

Lassen Sie sich *nie* von Löwenkönigen helfen, wenn es um technische Dinge geht. Lernen Sie die Funktionen Ihres Laptops, des Videobeamers in der Firma oder der Lichtregelanlage im Besprechungsraum Ihrer Firma – was immer vonnöten ist.

Blicken Sie allen Menschen offen und freundlich in die Augen. Auch dann, wenn es um ernste oder ärgerliche Dinge geht. Sollten Sie dabei unsicher werden, so blicken Sie zwischen die «feindlichen» Augen.

Benützen Sie so oft wie möglich Ihre gefährlichste Waffe: ein bezauberndes Lächeln!

Kombinieren Sie dieses Benehmen mit optischen gut gestylten Duftmarken – und Sie sind unschlagbar!

Die Aufgabe für die siebte Woche: «Flachsender Kumpel»

Hab ich mich da verzählt? Nein! Nach der Woche mit bewusster Höflichkeit und deutlich praktizierter Etikette sollten Sie sich eine Woche lang irgendwo im Normalmaß bewegen, damit die nun folgende siebte Woche nicht so extrem als Kontrast auffällt. Auch diese Woche spielen wir mit unseren Mitmenschen! Wir erleben das Kontrastprogramm zur letzten Woche. Benehmen Sie sich bewusst nachlässig. Missachten Sie die in der letzten Woche genannten Verhaltensweisen bewusst. Ein geknurrtes «Kann ich selber» zu hilfsbereiten Löwen, verbunden mit miesepetrigem Gesicht und klaren Brüchen der Etikette, wird Ihnen rasch zeigen, dass Ihre Mitmenschen (nach-)lässiger mit Ihnen umgehen.

Wozu das Ganze:

Sie werden rasch lernen, dass Höflichkeit und gutes Benehmen variiert und als Steuerungselement eingesetzt werden können.

Achte und letzte Trainingswoche:

Ab dieser Woche sollten Sie imstande sein, alles Getestete effektvoll zu kombinieren!

Von jetzt ab sollten Sie auf der Suche nach Ihrer ganz persönlichen «Gesamtduftmarke» sein! Einerlei, wie Ihr Ergebnis aussieht – folgende Komponenten sollten Sie von nun an eisern durchhalten:

- Einen klaren, offenen Blick in alle Ihnen begegnenden Augen!
- Eine stolze, aufrechte Körperhaltung!
- Optische Duftmarken durch farbenfrohe und elegant wirkende Kleidung!
- Deutliches «In-Szene-Setzen» Ihrer Augen und Lippen – ohne sich «anzumalen»!

- Ein dominant-höfliches und dominant-freundliches Sprechen und Agieren!
- Das Verwenden von kleinen Hilfsmitteln, die einfach Eindruck machen. (Erinnern Sie sich an den Füllfederhalter?)

Ich bin überzeugt, dass Ihnen dieses Trainingsprogramm genauso viel lehrreichen Spaß machen wird wie allen meinen Klientinnen, die rasch erkannten, dass sie zwar bis dahin vieles von dem unbewusst richtig gemacht haben – dass sie aber erst nach diesen Wochen alle Duftmarken und deren Werkzeuge bewusst und gezielt einsetzen konnten.

Kapitel 22

Zu guter Letzt

Wir sind am Ende dieses kleinen Spaziergangs durch ein Gebiet, in dem Sie sich schon seit langem bewegen. In dem Sie sich sicher fühlen, und in dem Sie sich an vieles gewöhnt haben, was Ihnen vielleicht nicht so gefällt. Damit meine ich die Routine im Alltag, die Ignoranz mancher Mitmenschen und die Tatsache, dass scheinbar (!) immer nur die vorne im Rampenlicht stehen, die irgendwie auffallen. Die auch dann vorne stehen, wenn sie wesentlich weniger können und wissen als Sie, liebe Leserin.

Und genau das wollen und können wir nun ändern! Ich gehe davon aus, dass Sie klug, kompetent und intelligent sind! Was vielleicht bisher gefehlt hat, war die Kenntnis um die Werkzeuge, mit denen Sie auf sich aufmerksam machen können, ohne sich penetrant in Szene setzen zu müssen.

Leider werden Sie erleben, dass Ihre Duftmarken nicht auf alle Ihre Mitmenschen positiv wirken. Was uns Männern imponiert, was uns gefällt, wird bei den Damen in Ihrer Umgebung eher Neid und Missgunst auslösen. Dies ist unvermeidbar und sollte Sie nicht in Ihrem Bestreben behindern, das Augenmerk Ihrer Mitmenschen auf sich zu ziehen. Merke: Es ist *Ihr* Leben!

Wie sollen Mitmenschen auf Ihre Fähigkeiten aufmerksam werden, wenn sie nicht auf die Frau aufmerksam werden, die diese besitzt?

Nun – all dies hat sich ja nun erledigt oder? Denn Sie werden testen, ausprobieren und erfolgreich sein!

Wenn Sie Fragen haben, so wenden Sie sich einfach an den, der Ihnen all diese Tipps und Tricks in diesem Buch vermittelt hat. Sie erreichen mich am ehesten über das Internet – und ich verspreche, zu antworten. Oder wir lernen uns bei einem meiner Vorträge oder Präsentationstrainings kennen, in denen ich regelmäßig mit Damen aus vielen Ländern kommuniziere.

Ich wünsche Ihnen viel Erfolg!
Ihr

Lust auf mehr? Trainieren mit Fred Maro persönlich?
Generell steht einer individuellen Zusammenarbeit mit Fred Maro als Coach wenig im Weg.

Alles, was Sie dazu benötigen, ist der feste Wille zur Optimierung Ihrer Fähigkeiten sowie der Entschluss, an gewohnten Mauern zu rütteln und sich endlich einmal durchzubeißen.

Vielleicht haben Sie aber Lust, zusammen mit anderen Frauen an einem mehrtägigen, von Fred Maro geleiteten Workshop rund um die Themen in diesem Buch teilzunehmen. Eine gute Gelegenheit Neues auszuprobieren, sich zugleich auszutauschen und auch von den Stärken und Schwächen anderer zu lernen.

In beiden Fällen senden Sie bitte eine kurze Nachricht über *info@fredmaro.de* oder im Internet unter *www.fredmaro.de*.

Fred Maro ist international als Coach und Präsentationstrainer für Führungskräfte und Politiker tätig. Im Rahmen dieser Arbeit begleitet er auch zahlreiche Frauen auf ihrem Karriereweg. Er ist gefragter Moderator, Vortragender und Honorardozent an Universitäten und Business-Schools.

Weitere Titel aus dem Orell Füssli Verlag

Jens Tomas

Mein Chef macht, was ich will

Klug handeln, Vertrauen gewinnen, Ziele erreichen

Wir kennen sie alle, die Geschichten vom Chef, dem man nichts recht machen kann. Wie geht man damit um? Jens Tomas zeigt in seinem Buch die besten Strategien auf, dank derer ein geplagter Angestellter ein selbstbewusster und respektierter Mitarbeiter werden kann.

Eine gute Beziehung zum Chef garantiert jedem Mitarbeiter erleichterte Arbeitsbedingungen. Wichtige Projektfragen werden schneller beantwortet, neue Ideen begrüßt und Budgets freigegeben. Eigeninitiative und Positionierung innerhalb der Abteilung sind der erste Schritt in diese Richtung. Der Leser erfährt, wie er über aktives Zuhören, Emotionsmanagement und manipulative Kommunikation den Spruch «Mein Chef macht, was ich will» verwirklichen kann.

208 Seiten, gebunden, ISBN 978-3-280-05169-6

orell füssli

Susanne Helbach-Grosser / Jutta Hofmann

Business-Etikette für Frauen

Professionelle Umgangsformen im Job

Wer bezahlt den Business-Lunch? Was tun, wenn der Duz-Kollege zum Chef befördert wird? Wie führe ich einen gepflegten Smalltalk mit dem Mann meiner Chefin? Der Business-Knigge unterstützt Frauen, die im Berufsalltag selbstbewusst und sicher auftreten wollen.

«Susanne Helbach-Grosser und Jutta Hofmann präsentieren ‹professionelle Umgangsformen›, die für den Erfolg im Job eine wichtige Rolle spielen können.»
Brigitte

«Gerade Frauen werden stark an ihrer Stilsicherheit und ihrem Geschick im Umgang mit Menschen gemessen. Die Autorinnen zeigen auf, wie Frauen in jeder Situation souverän handeln und ein professionelles positives Image aufbauen können.»
KMU Business

250 Seiten, gebunden, ISBN 978-3-280-05152-8

orell füssli